W9-BDM-541

MATHÉMATIQUE, SCIENCE ET TECHNOLOGIE

Tangram

2e cycle

Manuel B

Collection Math-science
dirigée par Lise Laurence

Simone Bettinger
Alain Couture
Manon Geoffroy
Alain Labonté
Marie-Claude Matteau

Collaboration et révision scientifique

Mathématique
Louise Poirier
Professeure agrégée
Département de didactique
Université de Montréal

Science et technologie
J. Robert Lalonde
Consultant en éducation

ÉDITIONS DU RENOUVEAU PÉDAGOGIQUE INC.
5757, RUE CYPIHOT
SAINT-LAURENT (QUÉBEC)
H4S 1R3
TÉLÉPHONE : (514) 334-2690
TÉLÉCOPIEUR : (514) 334-4720
COURRIEL : erpidlm@erpi.com

Éditrice
Liette Mercier

Chargée de projet et réviseure linguistique
Marie-Josée Farley

Correctrice d'épreuves
Lucie Bernard

Conception de la couverture
diabolo-menthe

Réalisation de la couverture
Julie Champoux

Conception graphique
ERPI

Réalisation graphique
Matteau Parent graphisme
et communication inc.
Geneviève Guérard

Recherche iconographique et demande de droits
Pierre Richard Bernier

Tangram tient compte des trois temps de l'action en classe.

Pêle-mêle : préparation aux apprentissages.

Pièce à pièce : réalisation des apprentissages.

Tangram : intégration et réinvestissement des apprentissages.

© ÉDITIONS DU RENOUVEAU PÉDAGOGIQUE INC., 2003
Tous droits réservés.

On ne peut reproduire aucun extrait de ce livre sous quelque forme ou par quelque procédé que ce soit — sur machine électronique, mécanique, à photocopier ou à enregistrer, ou autrement — sans avoir obtenu, au préalable, la permission écrite des ÉDITIONS DU RENOUVEAU PÉDAGOGIQUE INC.

Dépôt légal : Ier trimestre 2003
Bibliothèque nationale du Québec
Bibliothèque nationale du Canada

ISBN 2-7613-1258-9
IMPRIMÉ AU CANADA

1234567890 IE 09876543
10407 ABCD JS-12

Pour résoudre un problème

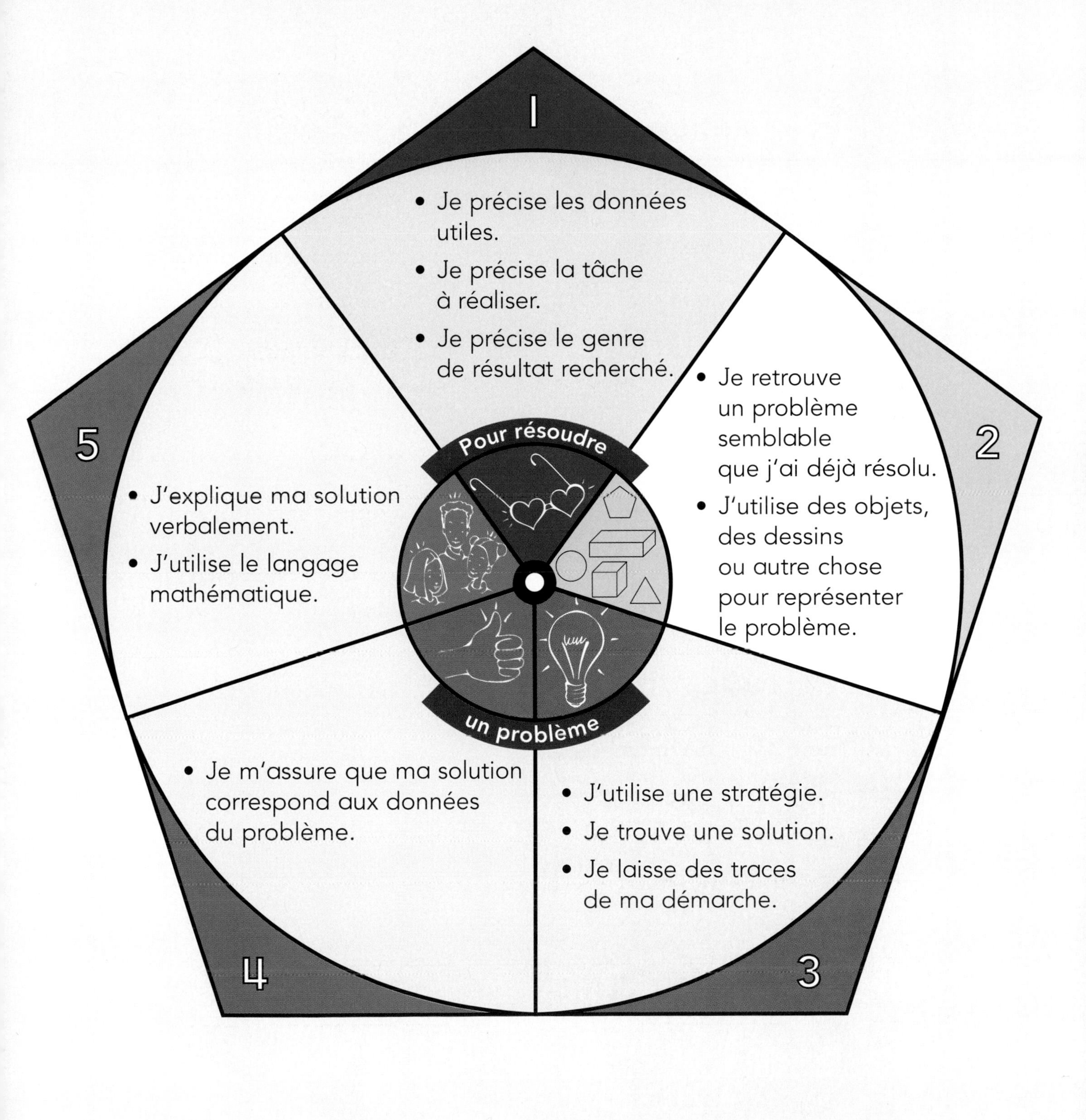

Table des matières

Les inventions

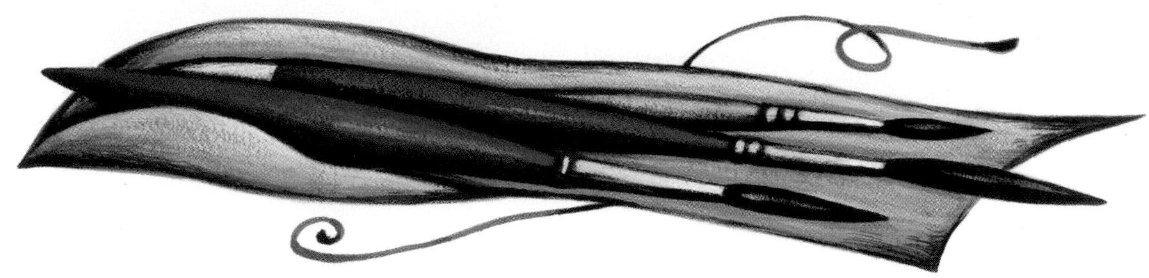

Les arts visuels

Mot à mot

Biblioscience

Les inventions

«Le génie représente 1 % d'inspiration
et 99 % de transpiration.»
THOMAS ALVA EDISON

De découvertes en inventions, l'être humain transforme l'Univers afin de répondre à ses besoins. La mathématique, la science et la technologie lui offrent tous les outils pour créer, mais aussi pour réfléchir aux conséquences de ses inventions.

Quel rôle la mathématique a-t-elle joué dans l'invention de la pâte à modeler ou de la machine à calculer ?

Tangram t'invite à la découverte et à la création d'inventions, utiles comme farfelues. À toi de mettre à profit tes connaissances et ton esprit d'observation !

Sur les bancs d'école

Chers parents,

Le troisième thème abordé dans *Tangram* porte sur les inventions. Il fera réaliser à votre enfant l'importance de la mathématique, de la science et de la technologie dans l'évolution des différentes inventions créées par les humains.

Dans ce thème, votre enfant côtoiera des inventeurs qui ont placé leur génie au service de notre mieux-être. On l'amènera à prendre conscience des répercussions de certaines inventions sur l'environnement et à porter un jugement critique sur le monde de la consommation. À son tour, votre enfant s'improvisera inventeur et préparera un dossier en vue d'obtenir un brevet d'invention. Ceci l'amènera à enrichir ses connaissances sur les nombres naturels et ses techniques de calcul écrit ainsi qu'à effectuer une enquête.

À la maison, vous pourriez amener votre enfant à répertorier les différentes inventions qui concourent à son mieux-être et lui suggérer de questionner des personnes âgées qui pourraient lui parler de l'évolution de certaines inventions comme le téléphone, la télévision, le câble, le four à micro-ondes, etc.

Votre enfant aura aussi l'occasion d'étudier les propriétés de l'air et les forces en jeu dans le vol d'un avion en fabriquant des avions de papier. Il expérimentera l'utilisation de machines simples qui facilitent le déplacement d'objets lourds. Ces activités lui permettront de consolider ses connaissances sur le système international de mesures de longueur et d'apprendre à se repérer à l'aide d'un système de coordonnées. Vous pourriez aider votre enfant en lui faisant observer dans son environnement immédiat des outils ou des machines qui utilisent les principes de levier (arrache-clou), de plan incliné (rampe d'accès pour les personnes handicapées) et de poulie (corde à linge).

Dans ce troisième thème, votre enfant poursuivra son apprentissage en rapport avec la multiplication et abordera divers sens de la division. Pour la première fois, il aura à mesurer l'aire de différentes surfaces au moyen d'unités de mesure non conventionnelles. Votre enfant explorera aussi diverses façons de concevoir la fraction à partir de multiples manipulations (séparer un entier en parties équivalentes, partager une collection d'objets en parts égales, représenter certaines fractions à l'aide de matériel). À la maison, vous pourriez amener votre enfant à prendre conscience de la présence et de l'utilité des fractions dans la vie de tous les jours.

Plusieurs termes sont définis dans la section «Mot à mot» à la fin du manuel. Ils peuvent vous servir à aider votre enfant dans sa compréhension de certaines consignes.

Les auteurs de la collection *Tangram*

Tout un inventeur!

Thomas Alva Edison était un inventeur et un homme d'affaires audacieux. Au cours de sa carrière, il a déposé près de 1100 brevets d'invention.

Thomas Alva Edison est né le 11 février 1847 aux États-Unis. Il a vécu jusqu'en 1931.

Sans collaboration, Edison n'aurait pas pu réaliser autant d'inventions. En 1876, il met sur pied un laboratoire de recherche. Il y rassemble une douzaine d'hommes talentueux venus des quatre coins du monde. Parmi eux se trouvent des mécaniciens, des souffleurs de verre, des horlogers, des mathématiciens, des machinistes, des électriciens et des menuisiers. Ces hommes ont les habiletés nécessaires pour transformer les idées d'Edison en appareils faits de bois, de fils, de verre et de métal.

Les textes des pages 4 et 5 décrivent 2 inventions d'Edison. Lis ces textes, puis réponds aux questions ci-dessous.

1. Edison a obtenu son premier brevet en 1868 et son dernier en 1910. Combien d'années se sont écoulées entre ces 2 brevets?

2. Edison a déposé un peu moins de 1100 brevets au cours de sa carrière d'inventeur. Environ combien de brevets par année cela fait-il?

3. En 1901, combien de tours le cylindre du phonographe faisait-il:
   - en 4 minutes?
   - en 1 seconde?

4. Quelle est la puissance, en bougies, de 3 ampoules inventées par Edison en 1879?

Le phonographe, l'ancêtre du lecteur de disques compacts

Le phonographe, inventé par Thomas Edison, est un appareil qui permet d'enregistrer et de reproduire les sons de façon mécanique. On s'en servait pour dicter des lettres, enregistrer de la musique, etc. En 1894, Edison a même construit des poupées contenant de minuscules phonographes!

Pour enregistrer: 1. On parle ou on joue d'un instrument dans le pavillon.
2. Les vibrations sonores sont transmises à une membrane munie d'une aiguille.
3. L'aiguille trace des sillons dans le cylindre qu'on fait tourner avec une manivelle. La profondeur des sillons dépend du son enregistré.

Pour reproduire: 1. On fait tourner le cylindre gravé à l'aide de la manivelle.
2. L'aiguille qui passe dans les sillons fait vibrer la membrane.
3. Ces vibrations sont transmises à l'air à travers le pavillon. Les sons enregistrés sont alors perçus par l'oreille.

Le phonographe mis au point en 1901 utilise un cylindre de cire. Ce cylindre tourne à une vitesse de 160 tours par minute et permet d'écouter environ 2 minutes d'enregistrement. Vers 1910, les cylindres de cire d'Edison ont beaucoup plus de sillons. Leur durée d'enregistrement passe à près de 4 minutes.

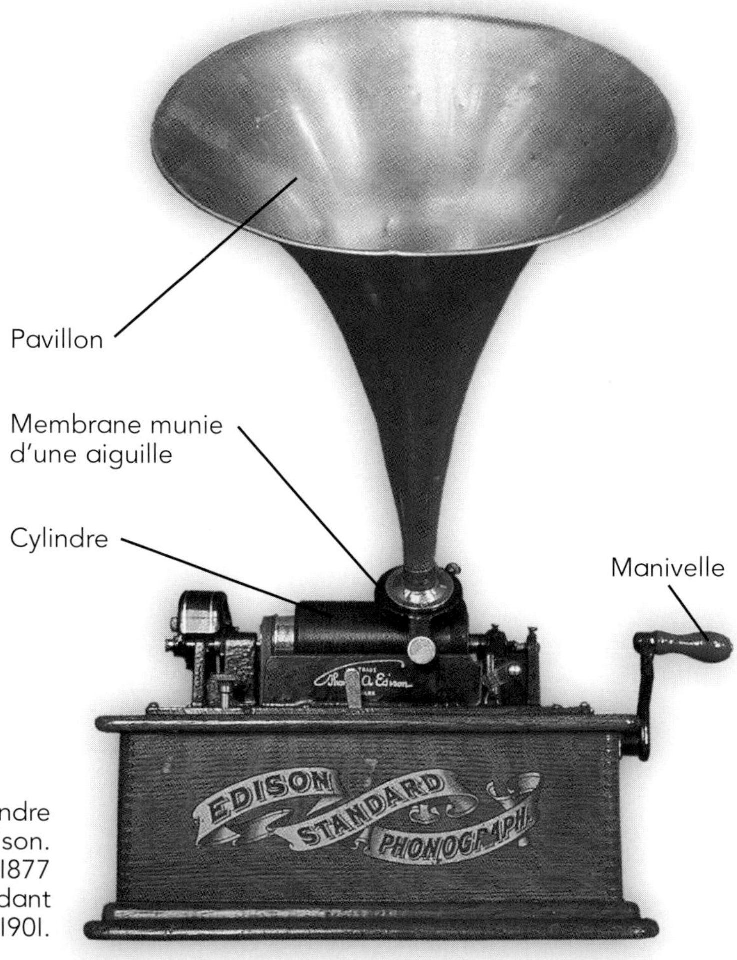

Pavillon

Membrane munie d'une aiguille

Cylindre

Manivelle

Le phonographe à cylindre était l'invention préférée de Thomas Edison. Il a créé son premier phonographe en 1877 et a continué à le perfectionner pendant 52 ans. La photo montre le modèle de 1901.

L'ampoule électrique, une idée lumineuse

Vers 1879, il existait seulement 2 sortes d'éclairage domestique : la bougie et la lampe à gaz. Mais les connaissances en électricité progressaient. Depuis près de 50 ans, des inventeurs cherchaient à créer une ampoule électrique de plus faible intensité, durable et sécuritaire. Edison n'a pas inventé la première ampoule électrique, mais...

Le 22 octobre 1879, après de nombreuses lectures, des calculs compliqués, et plusieurs essais, Edison réussit à mettre au point une ampoule électrique durable. Cette ampoule produisait une lumière d'une puissance de 50 watts (qui équivaut à 16 bougies) pendant près de 30 heures.

Edison et ses collaborateurs ont aussi inventé, après bien des années d'expérimentation, le système électrique qui permet de distribuer l'électricité dans les maisons : les fils, les fusibles, les interrupteurs, les dynamos, etc.

En allumant la lumière de ta chambre, pense à Thomas Edison, sans qui cela ne serait pas possible. Pense à lui aussi lorsque tu utiliseras ta lampe de poche. Hé oui ! C'est Edison qui a inventé la pile alcaline qui fait fonctionner cet appareil !

Des inventions au fil du temps

1 Observe les objets ci-dessous.

a) Selon toi, laquelle de ces inventions est la plus ancienne? la plus récente? Explique tes choix.

b) Choisis 4 inventions. Explique comment ces inventions ont changé notre vie. Discutes-en avec un ou une camarade.

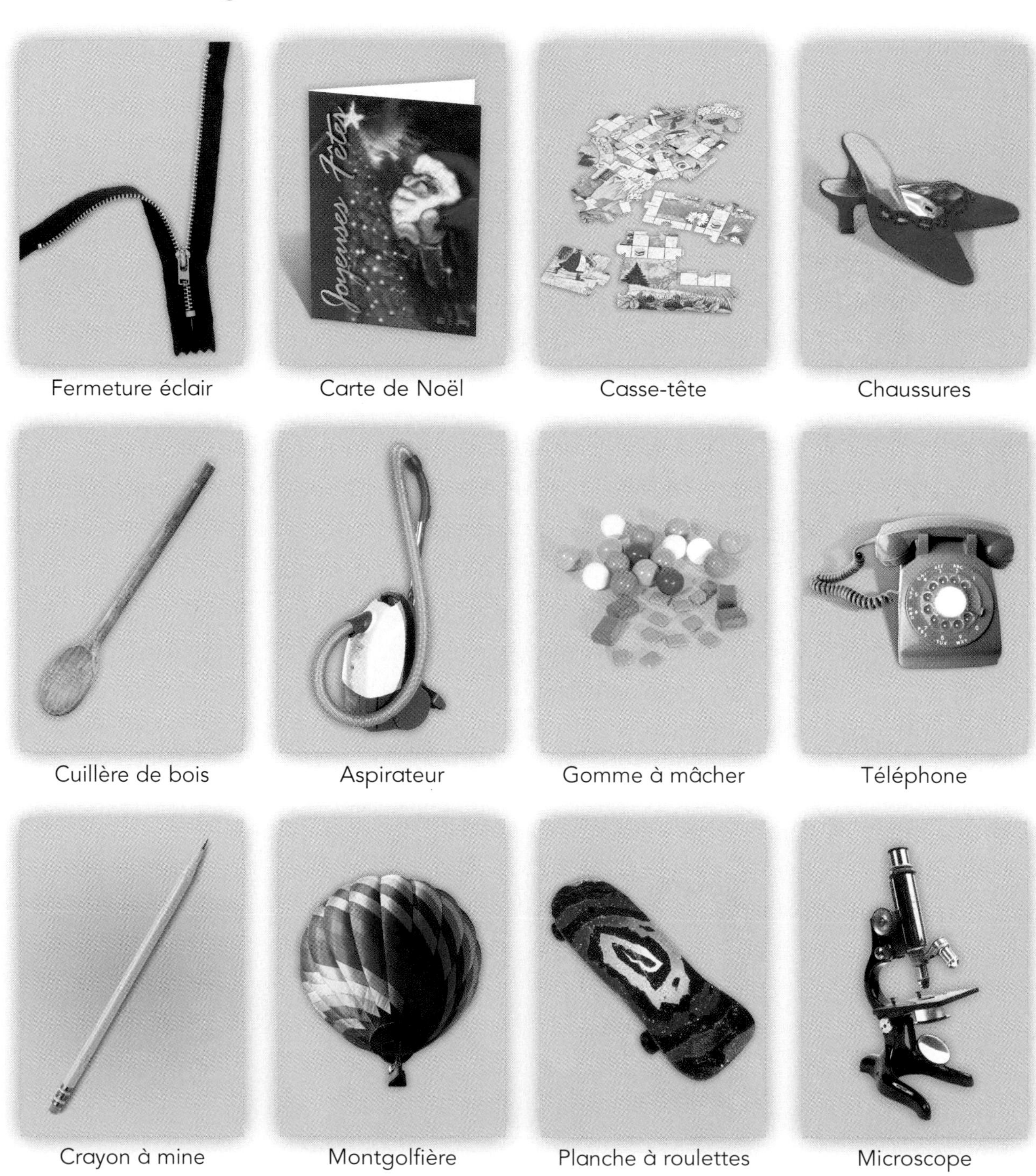

Fermeture éclair — Carte de Noël — Casse-tête — Chaussures

Cuillère de bois — Aspirateur — Gomme à mâcher — Téléphone

Crayon à mine — Montgolfière — Planche à roulettes — Microscope

2 À l'aide des indices suivants, place les inventions du numéro 1 en ordre croissant, selon leur année d'invention.
Utilise la fiche qu'on te remettra.

Indices

- La fermeture éclair est presque l'invention la plus récente.
- Le crayon à mine a été inventé un peu plus de 200 ans après le microscope.
- La chaussure est complètement au bas du schéma.
- Le microscope est la troisième plus ancienne invention sur le schéma.
- Le téléphone a été inventé en 1876.
- La cuillère de bois est une des plus anciennes inventions.
- Il y a environ 40 ans que la planche à roulettes existe.
- L'aspirateur a été inventé après le téléphone.
- La gomme à mâcher a été inventée presque au même moment que le téléphone.
- Il y a près de 100 ans entre l'invention du téléphone et celle du casse-tête.
- La carte de Noël a été inventée avant la gomme à mâcher et après la montgolfière.
- La montgolfière est une invention plus récente que le casse-tête.

Années d'invention

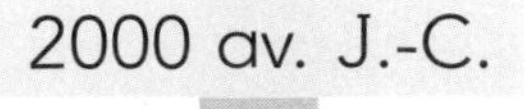

Une rencontre avec une inventrice québécoise

Micheline Desbiens

Voici le texte d'une entrevue réalisée avec Micheline Desbiens, l'inventrice de la pâte à modeler *TUTTI FRUTTI*, aux parfums de fruits.
TM/MC

Q. Comment l'idée de créer une nouvelle pâte à modeler vous est-elle venue?

R. En 1988, j'ai acheté de la pâte à modeler pour ma fille. J'ai remarqué que cette pâte à modeler dégageait une odeur désagréable, qu'elle séchait rapidement et que ses couleurs étaient ternes. J'ai pensé qu'il devait être possible de trouver une recette de pâte à modeler qui ne présenterait pas ces problèmes.

Q. Était-ce la première fois que vous pensiez à inventer quelque chose?

R. Non. J'avais déjà essayé d'inventer une nouvelle sorte de bonbons et un article de couture, mais sans succès. J'étais à la recherche de bonnes idées. La pâte à modeler était une belle occasion de devenir inventrice.

Q. Comment avez-vous créé votre pâte à modeler?

R. J'ai fait des expériences. Chaque fois que j'essayais une recette, je demandais à mes enfants de la tester. Ils me disaient, par exemple, que la pâte était trop collante ou trop granuleuse. J'essayais alors une nouvelle recette. J'ai dû expérimenter au moins 500 recettes! Et j'ai fini par trouver la bonne: une pâte à modeler qui ne colle pas, qui ne tache pas et qui est récupérable avec de l'eau!

Q. Avez-vous suivi une démarche scientifique?

R. Oh oui! J'écrivais soigneusement chaque recette sur un bout de papier et je plaçais un échantillon de pâte à modeler dessus. Tous mes échantillons étaient de la même couleur et avaient la même odeur. Après quelques jours, je vérifiais leur odeur et leur texture.

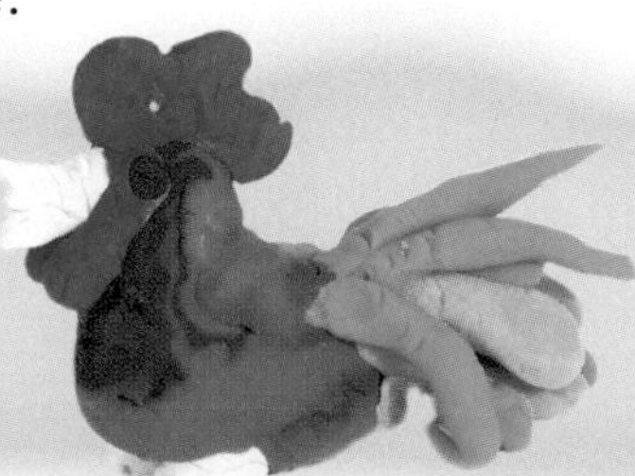

Q. Avez-vous eu besoin d'aide pour créer votre pâte à modeler?

R. Oui, j'ai travaillé avec Marc, qui est ingénieur chimique. Marc profitait de ses lectures et de ses rencontres avec des collègues pour trouver des produits non collants. Il me procurait des échantillons que j'ajoutais à une recette pour en faire l'essai. J'ai rencontré les dirigeants d'une entreprise de jouets intéressés à fabriquer et à vendre ma pâte à modeler. J'ai discuté avec des spécialistes du marketing et des étudiants afin de trouver un nom pour mon produit. D'autres ingénieurs se sont penchés sur la conception d'outils et de bassins qui permettraient de produire la pâte à modeler en grande quantité.

Q. En quoi la mathématique vous a-t-elle été nécessaire pour créer votre pâte à modeler?

R. Je devais mesurer les ingrédients avec précision. Je devais aussi tenir compte des proportions, comme dans le cas où un ingrédient est en quantité 2 fois moindre qu'un autre. Je devais également noter le prix des ingrédients et calculer le coût de chaque recette. Il ne fallait pas que les ingrédients coûtent cher, car le coût de production de la pâte à modeler devait être le plus bas possible.

Q. Avez-vous un brevet pour votre invention?

R. Oui. J'ai obtenu un brevet en 1992. En 1991, lorsque j'ai rédigé ma demande de brevet, je savais que j'innovais, car ma pâte à modeler était composée de 3 nouveaux ingrédients que les autres pâtes à modeler ne contenaient pas.

Q. Croyez-vous que les enfants peuvent inventer des choses?

R. Les enfants ont la curiosité, l'esprit d'observation et la créativité nécessaires pour être des inventeurs. Bien sûr, il peut leur manquer les connaissances techniques et les habiletés pour mener les recherches et les expérimentations. Mais avec l'aide d'adultes, les enfants peuvent devenir des inventeurs géniaux!

1 Micheline Desbiens écrit une recette sur un bout de papier de 10 cm de longueur. Si elle place 500 recettes bout à bout, combien de mètres de papier obtiendra-t-elle ?

2 Réponds aux questions à l'aide du texte de l'entrevue.

a) Quelles qualités sont nécessaires pour être inventeur ?

b) Quelles fonctions ou professions exercent les collaborateurs de Micheline Desbiens ?

3 Voici une recette de pâte à sel.

a) Combien de tasses de farine devras-tu utiliser pour faire :

- 10 contenants de pâte à sel ?
- 100 contenants de pâte à sel ?
- 1000 contenants de pâte à sel ?
- 10 000 contenants de pâte à sel ? Aide-toi des résultats précédents.

b) Tu veux préparer 1 contenant de pâte à sel pour chaque élève de ta classe. Combien de tasses de farine te faudra-t-il ?

c) Quel ingrédient est en quantité 2 fois moindre qu'un autre ?

Pâte à sel

Quantité : 1 contenant de 250 g

4 cuillères à café de crème de tartre
2 tasses de farine
1 tasse de sel
2 cuillères à soupe d'huile
2 tasses d'eau
Quelques gouttes de colorant alimentaire

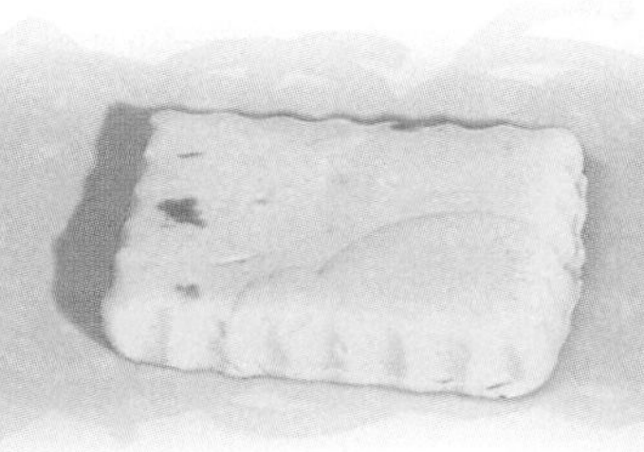

Pêle-mêle

Il fallait y penser!

Un brevet est un document qui protège les droits d'un inventeur ou d'une inventrice. Il lui donne le droit d'empêcher d'autres personnes de fabriquer, d'utiliser ou de vendre son invention sans son autorisation.

Pour être brevetable, une invention doit remplir 3 conditions.

- **La nouveauté** : l'invention doit être nouvelle, c'est-à-dire la première au monde.
- **L'utilité** : l'invention doit avoir une fonction utile, bien fonctionner (être utilisée sans danger) et s'exploiter facilement.
- **L'apport inventif** : l'invention doit représenter un changement technique dans son domaine.

1 Van, l'inventeur de la bande dessinée, pourrait-il obtenir un brevet pour son abribus ? Explique ta réponse.

Ton projet

Tu concevras une invention pour laquelle tu déposeras une demande de brevet auprès d'un comité.

Pour bien préparer ton dossier, tu devras :

- dessiner l'invention que tu auras mise au point et expliquer son utilité ;
- calculer les coûts de fabrication de ton invention, qui ne doivent pas dépasser 10 000 $;
- trouver des arguments pour faire valoir son utilité et son apport inventif ;
- effectuer une enquête sur l'utilité d'une telle invention ;
- rassembler et organiser tous les éléments en vue de déposer la demande de brevet.

Voici les étapes à suivre pour obtenir un brevet.

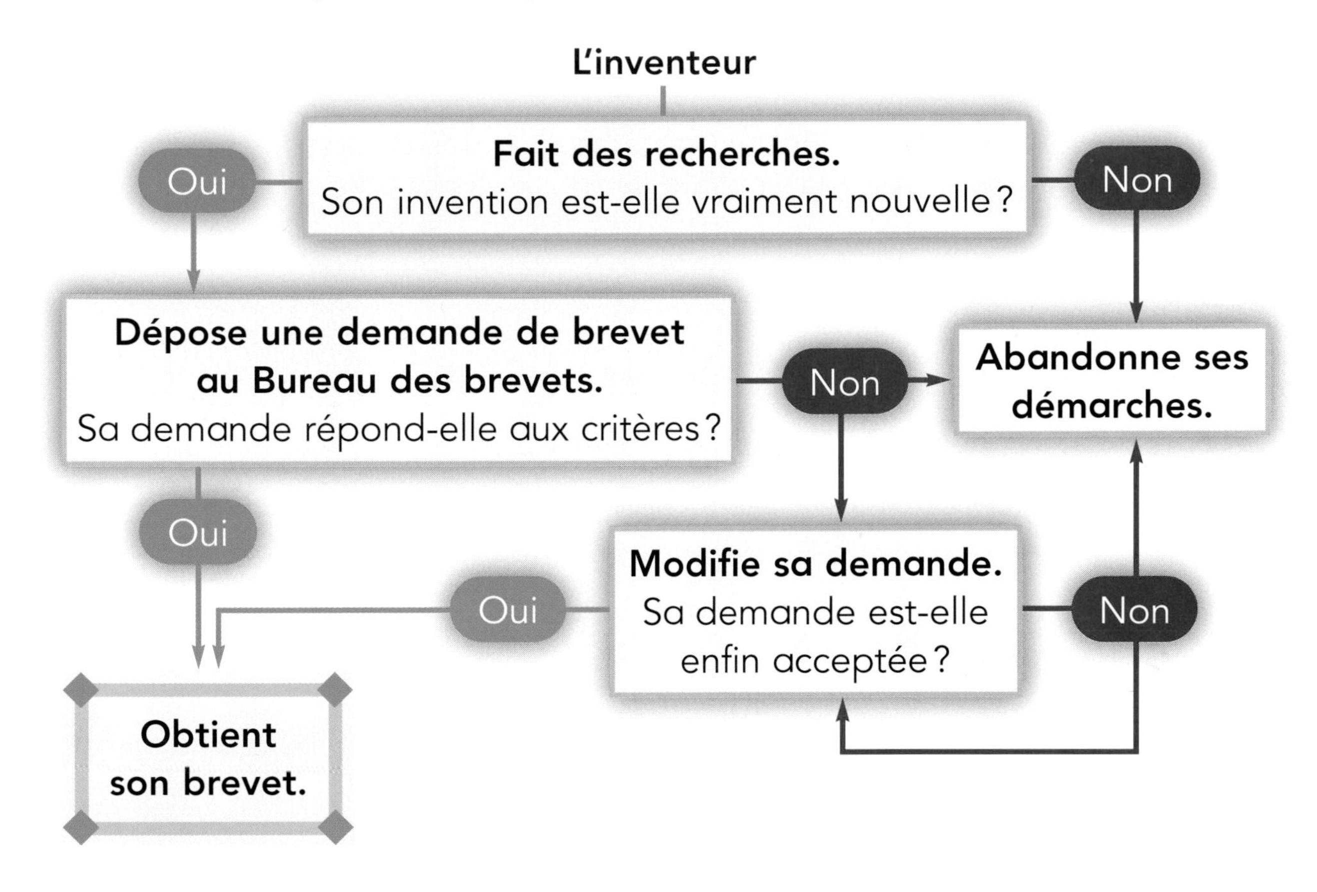

2 *a)* Que doit faire l'inventeur si son invention n'est pas nouvelle?

b) Que se passe-t-il après qu'il a déposé une demande au Bureau des brevets?

c) L'inventeur est-il obligé d'apporter des modifications à sa demande? Explique ta réponse.

Clin d'Œil

« Pour créer une invention, il est important d'avoir l'esprit d'observation. On peut le développer en cherchant sans cesse à solutionner les problèmes qu'on rencontre dans la vie quotidienne. »

Micheline Desbiens

3 Trouve un problème que tu aimerais régler en mettant en application une de tes idées.

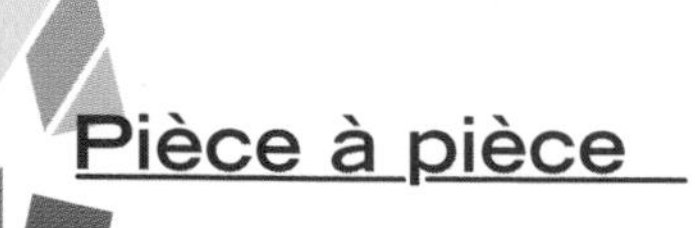

Pièce à pièce

Chacun à sa façon

1 Voici le prix des principaux matériaux et des accessoires nécessaires pour fabriquer l'abribus.

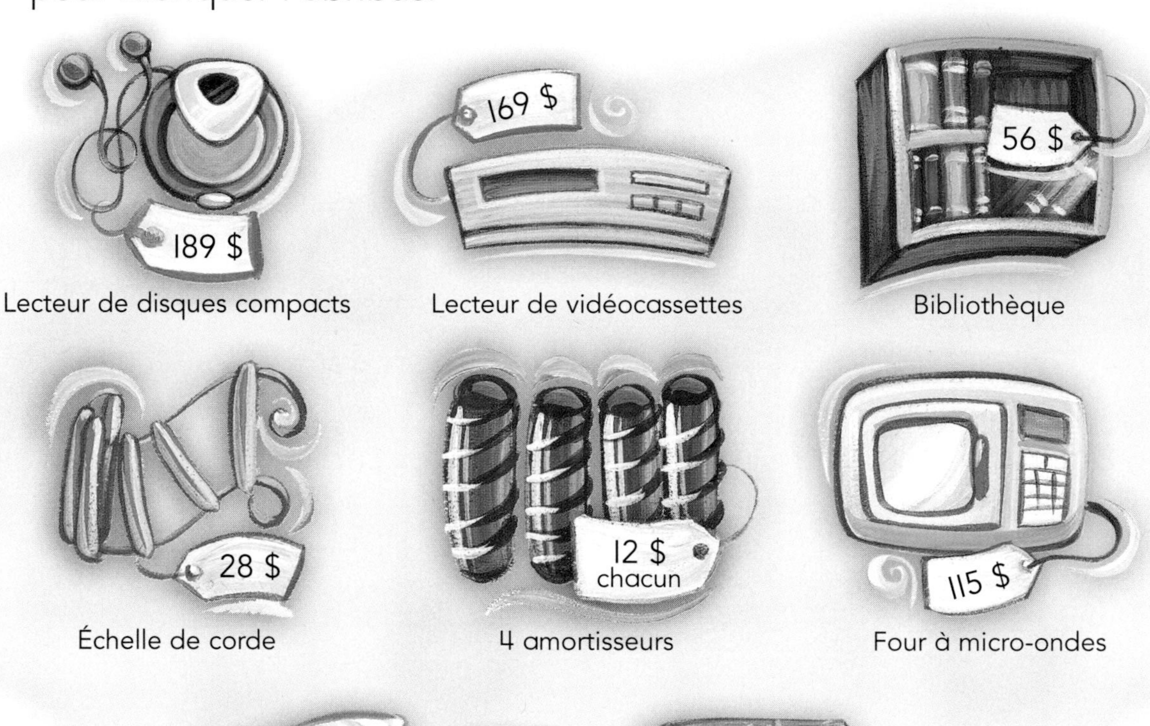

Lecteur de disques compacts

Lecteur de vidéocassettes

Bibliothèque

Échelle de corde

4 amortisseurs

Four à micro-ondes

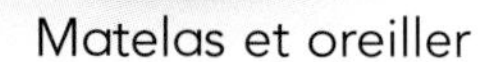

Matelas et oreiller

Ensemble de panneaux en plastique

a) Selon toi, le coût de fabrication de l'abribus est-il :
- supérieur à 1000 $?
- d'à peu près 1000 $?
- inférieur à 1000 $?

b) Calcule le coût de fabrication de l'abribus.
N'utilise pas la calculatrice ni aucun autre matériel.
Laisse des traces de ton calcul.

c) Compare ta façon de faire avec celle des autres élèves de la classe.

2 Voici 4 façons d'effectuer l'addition suivante 154 + 28.

Ⓐ

```
  154
+  28
   12
   70
+ 100
  182
```

Ⓑ

```
  154
+  28
  100
   70
+  12
  182
```

Ⓒ

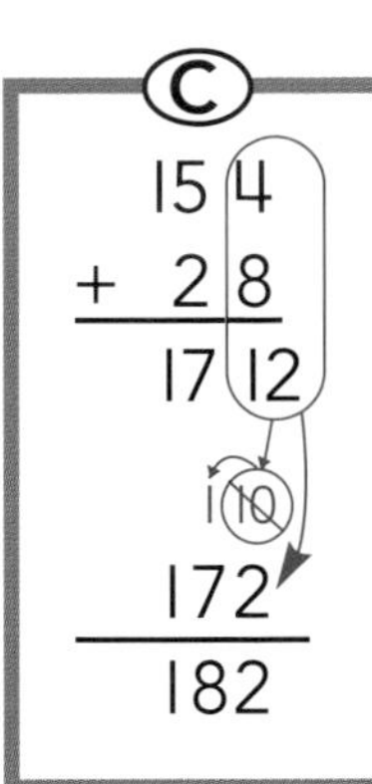

Ⓓ

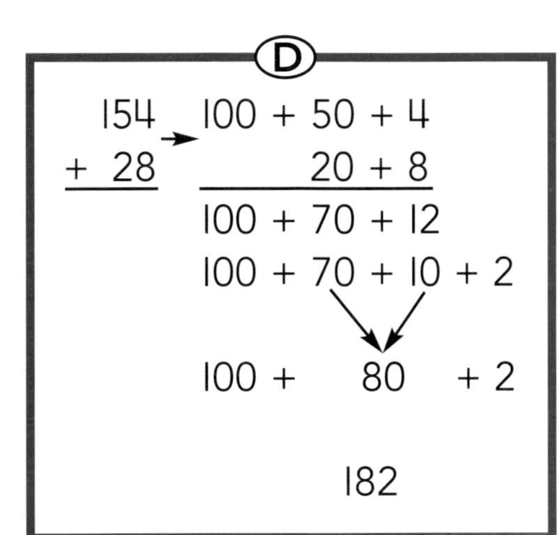

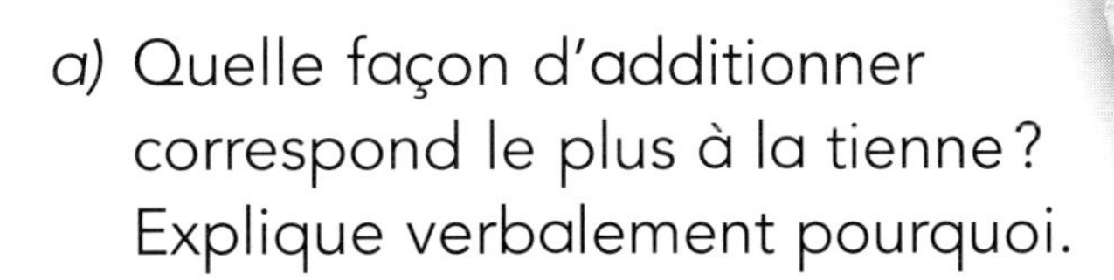

a) Quelle façon d'additionner correspond le plus à la tienne ? Explique verbalement pourquoi.

b) Effectue chaque addition en utilisant les 2 façons indiquées.

- 379 + 418 Ⓐ et Ⓑ
- 175 + 57 Ⓑ et Ⓓ
- 46 + 474 + 129 Ⓐ et Ⓒ

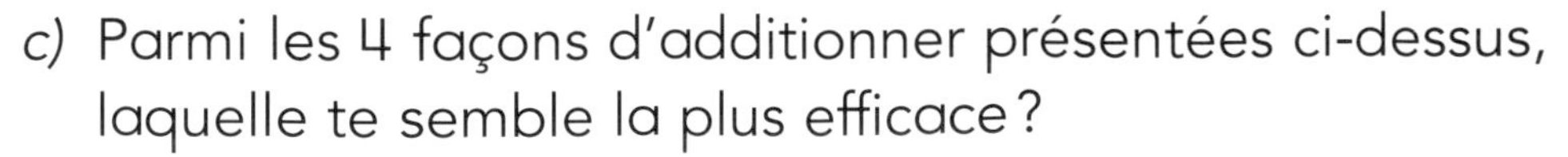

c) Parmi les 4 façons d'additionner présentées ci-dessus, laquelle te semble la plus efficace ?

3 Voici 3 façons d'effectuer la soustraction $182 - 28$.

a) Quelle façon de soustraire correspond le plus à la tienne ? Explique verbalement pourquoi.

b) Effectue chaque soustraction en utilisant les 3 façons présentées.

- 93 – 36
- 432 – 218

c) Parmi ces 3 façons de soustraire, laquelle te semble la plus efficace ?

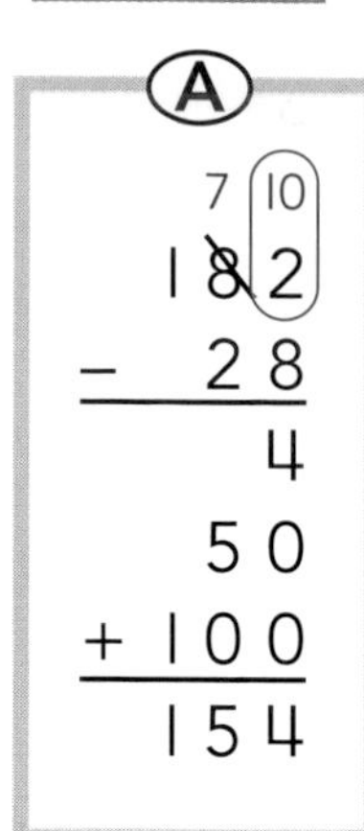

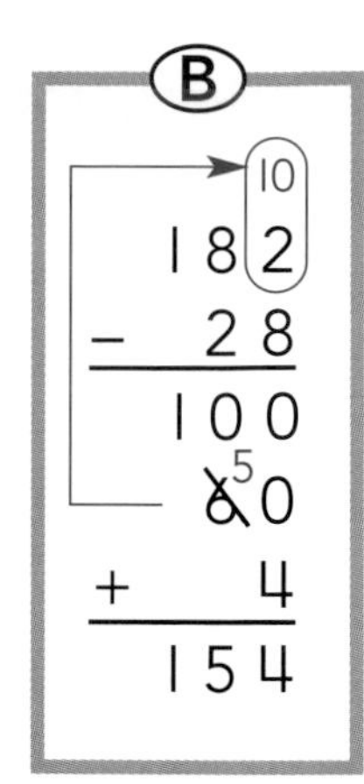

C

$$\begin{array}{r} 182 \\ -\ \ 28 \\ \hline \end{array} \rightarrow \begin{array}{r} 100 + 80 + 2 \\ -\ \ \ \ \ \ \ \ 20 + 8 \\ \hline \end{array} \rightarrow \begin{array}{r} 100 + 70 + 12 \\ -\ \ \ \ \ \ \ \ 20 + 8 \\ \hline 100 + 50 + 4 \end{array}$$

154

4 Voici 6 opérations.

Ⓐ 1368 + 1125 Ⓑ 5417 + 1367 Ⓒ 9693 – 1149

Ⓓ 494 + 502 + 673 Ⓔ 2457 – 1646 Ⓕ 942 – 127

- Réponds aux questions sans effectuer de calcul.
  Note tes réponses.

  Quelle opération donnera :

  a) le plus grand résultat ?

  b) le plus petit résultat ?

  c) un résultat qui aura le chiffre 6 à la 4e position ?

  d) un résultat qui se situe entre 2000 et 3000 ?

  e) un résultat plus petit que 2000 et plus grand que 1000 ?

- Vérifie tes résultats. Utilise une des façons de calculer présentées aux pages 15 et 16. Laisse des traces de ta démarche.

5 Écris les opérations suivantes à la verticale, puis effectue-les.
Utilise une des façons présentées aux pages 15 et 16.

a) 75 + 1287 *b)* 4839 + 378 *c)* 3461 – 26

d) 9 + 18 + 345 *e)* 6786 – 93 *f)* 417 – 35

6 Une erreur a été commise dans chacune des opérations.
Explique chaque erreur.

a) 152 + 57	*b)* 362 – 147	*c)* 57 + 125	*d)* 93 + 98
152	362	57	93
+ 57	– 147	+ 125	+ 98
1109	5	600	11
	20	90	+ 18
	+ 200	+ 5	29
	225	695	

Des nombres décomposés

La décomposition multiplicative et additive d'un nombre selon la valeur de position

Soit le nombre 6478.

- Je trouve la valeur, en unités, de chacun des chiffres qui le composent:

(6000 unités) ← 6 4 7 8 → (8 unités)
(400 unités) ↙ ↘ (70 unités)

- Je place les valeurs obtenues sous la forme additive:

6000 + 400 + 70 + 8

- Pour chaque valeur, je trouve une multiplication à partir de la valeur de position:

6 x 1000 + 4 x 100 + 7 x 10 + 8 x 1

Lorsque je décompose un nombre, je peux me référer à un tableau de numération.

1 Décompose les nombres selon la valeur de position. Utilise la multiplication et l'addition.

a) 33 870
b) 2029
c) 60 019
d) 5204
e) 5786
f) 11 000
g) 78 215
h) 40 004

2 Parmi ces décompositions, lesquelles ne sont pas équivalentes à 12 400?

Ⓐ 10 000 + 2000 + 40
Ⓑ 1 x 10 000 + 2 x 1000 + 4 x 100
Ⓒ 12 x 1000 + 4 x 100
Ⓓ 12 unités de mille + 40 unités
Ⓔ 1 dizaine de mille + 24 unités de mille

3 Trouve le nombre qui correspond à chaque décomposition.

a) 5000 + 300 + 50 + 9

b) 91 unités + 220 dizaines

c) 2 x 1000 + 8 x 100 + 5 x 10 + 7 x 1

d) 70 000 + 200 + 20 + 2

e) 6 x 1000 + 18 x 100 + 32 x 10

f) 50 centaines + 30 dizaines

4 Dans chaque cas, complète la décomposition pour obtenir une égalité.

a) 2 x 10 000 + ■ + 4 x 10 + 6 x 1 = 28 046

b) 5 x 10 000 + 2 x 1000 + ■ + 2 x 10 + 4 x 1 = 53 124

c) ■ + 12 x 100 + ■ + 17 x 1 = 8267

d) 19 x 1000 + 9 x 100 + ■ = 20 000

5 Effectue les échanges.

a) Tu échanges 1 billet de 10 000 $ contre des billets de 100 $. Combien de billets de 100 $ obtiens-tu ?

b) Tu échanges 5 billets de 10 000 $ contre des billets de 1000 $. Combien de billets de 1000 $ obtiens-tu ?

c) Tu échanges 5 billets de 1000 $ contre des billets de 100 $. Combien de billets de 100 $ obtiens-tu ?

d) Tu échanges 11 billets de 1000 $ contre des billets de 10 $. Combien de billets de 10 $ obtiens-tu ?

Utile ou futile?

Voici les résultats de 2 enquêtes.

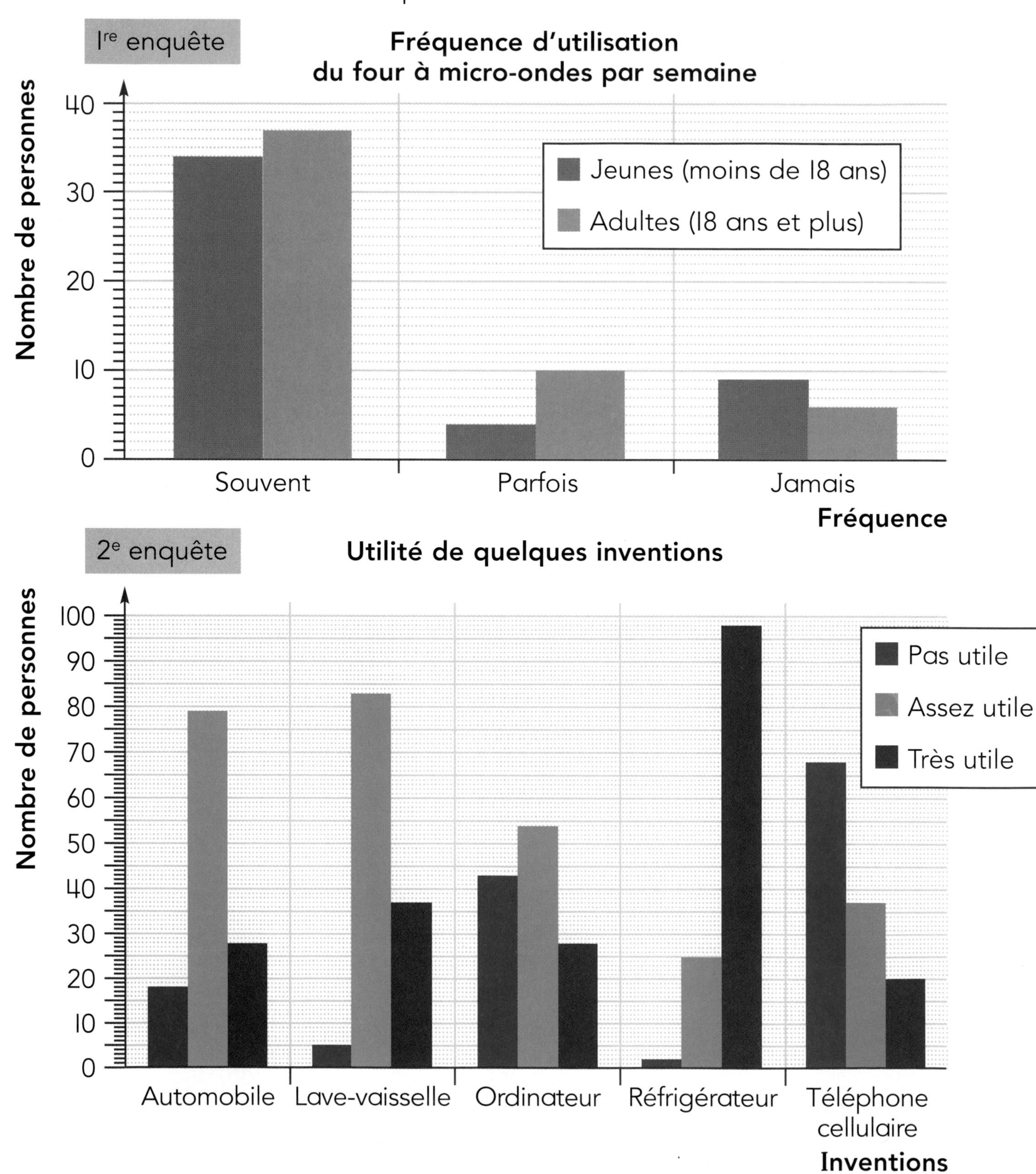

1 Observe les diagrammes à bandes à la page 20.
Indique, pour chacune des enquêtes, les questions qu'on a pu poser.

2 Le tableau suivant présente les résultats de la 1re enquête.
Ajoute les données qui manquent.

Nombre de personnes / Fréquence d'utilisation	Jeunes	Adultes	Total
Souvent	34		71
Parfois		10	
Jamais	9	6	15
Total	47		

3 Les énoncés suivants se rapportent à la 1re enquête.
Indique ceux qui sont vrais.

Ⓐ Plus de 90 personnes ont participé à cette enquête.

Ⓑ Il y a plus d'adultes que de jeunes qui utilisent le four à micro-ondes.

Ⓒ On a interrogé moins d'adultes que de jeunes.

Ⓓ La majorité des personnes interrogées utilisent le four à micro-ondes.

4 Observe le diagramme de la 2e enquête. Indique :

a) le nombre de personnes qui ont répondu aux questions.

b) le nombre d'adultes qui ont répondu aux questions.

5 Place les inventions nommées dans la 2e enquête en ordre décroissant d'utilité. Réponds ensuite aux questions à l'aide de cette liste.

a) Quelle invention vient au premier rang ?

b) Quelle invention vient à l'avant-dernier rang ?

Des inventeurs de génie

Voici des données publiées par l'Institut de la statistique du Québec.

Nombre de brevets accordés au Québec de 1990 à 1999

Année	1990	1991	1992	1993	1994	1995	1996	1997	1998	1999
Nombre de brevets	337	393	411	405	406	424	441	491	589	625

1 Sans faire de calcul, indique s'il faut faire une addition ou une soustraction pour répondre à la question.

a) Combien de brevets a-t-on accordés de 1993 à 1995?

b) Quelle est la différence entre le nombre de brevets accordés en 1991 et le nombre de brevets accordés en 1998?

c) Combien de brevets a-t-on accordés de moins en 1990 qu'en 1999?

d) Combien de brevets a-t-on accordés de plus en 1997 qu'en 1990?

e) Y a-t-il eu plus de brevets accordés de 1991 à 1993 que de 1997 à 1999? Si oui, combien de plus? Sinon, combien de moins?

2 Choisis une des questions du numéro 1. Réponds-y en effectuant un calcul écrit.

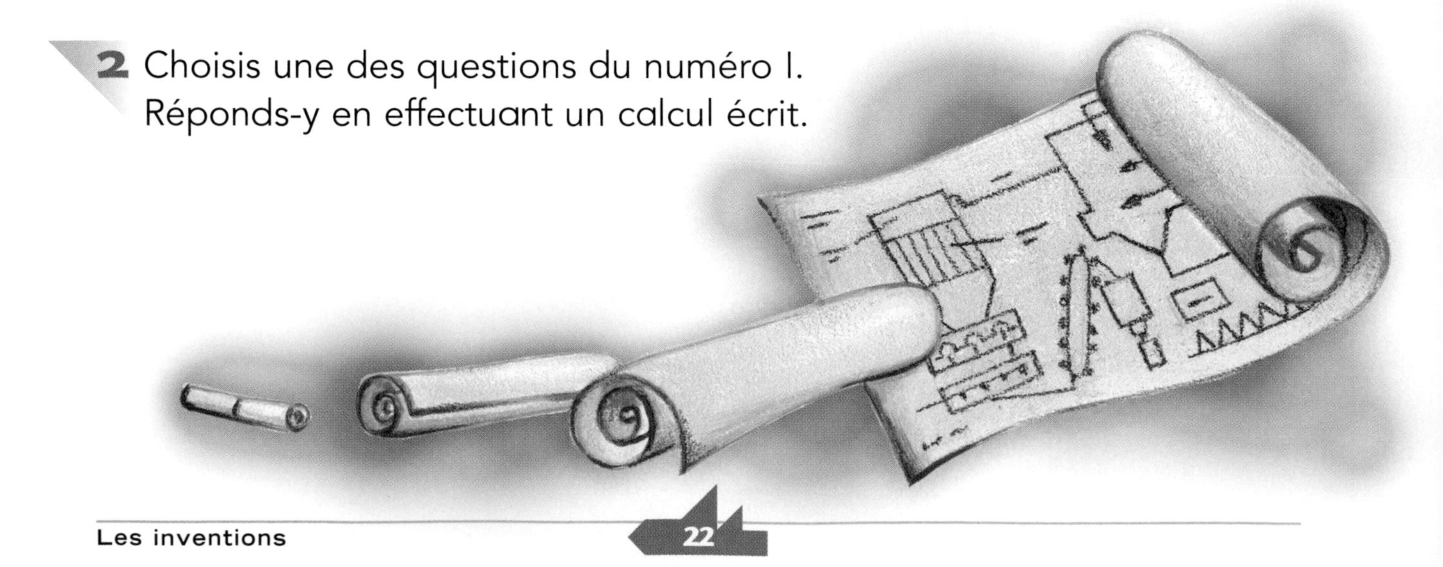

3 Trouve le nombre approximatif de brevets accordés de 1990 à 1999 en arrondissant à la centaine les données du tableau.

4 Présente dans un diagramme à ligne brisée les données du tableau de la page 22. Utilise la fiche qu'on te remettra.

Clin d'Œil

Le brevet canadien portant le numéro 1 a été délivré le 18 août 1869 à William Hamilton, de Toronto. Cet inventeur créa une machine pour mesurer des liquides.

Machine pour mesurer des liquides

Le dernier brevet canadien portant un numéro à 5 chiffres a été remis le 10 juillet 1906 à James J. Harold, de New York. Celui-ci inventa un pilotis en métal.

De 1869 à nos jours, on a délivré, au Canada, entre 1 et 2 millions de brevets.

5 Quel était le numéro du dernier brevet canadien émis en 1906?

6 Combien de chiffres composent le nombre de brevets accordés depuis 1869?

7 Combien d'années se sont écoulées entre le premier brevet canadien et le dernier brevet canadien composé d'un numéro à 5 chiffres?

Pêle-mêle

Plusieurs fois

1 Dans chaque cas :

- traduis la situation par une multiplication ;
- utilise la stratégie de ton choix pour trouver le produit ;
- vérifie le résultat à l'aide de ta calculatrice.

a) En mars, Alex court 3 fois par jour. Combien de fois Alex court-il en mars ?

b) Grégory mange 2 pommes par jour. Combien de pommes mangera-t-il en 34 jours ?

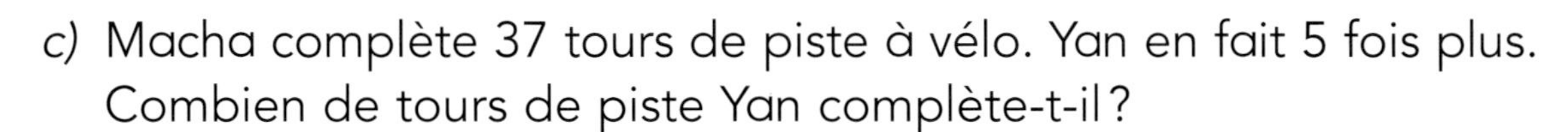

c) Macha complète 37 tours de piste à vélo. Yan en fait 5 fois plus. Combien de tours de piste Yan complète-t-il ?

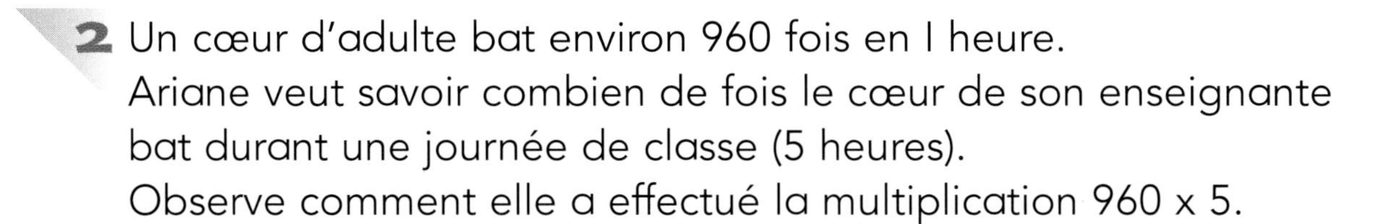

2 Un cœur d'adulte bat environ 960 fois en 1 heure. Ariane veut savoir combien de fois le cœur de son enseignante bat durant une journée de classe (5 heures). Observe comment elle a effectué la multiplication 960 x 5.

960 x 5

960 équivaut à 900 + 60

900 x 5, c'est 9 centaines x 5, ce qui donne 45 centaines. 45 centaines, c'est 450.

60 x 5, c'est 6 dizaines x 5, ce qui donne 30 dizaines. 30 dizaines, c'est 300.

450 + 300 = 750

960 x 5 = 750

Réponse : 750 battements.

a) La stratégie d'Ariane est-elle adéquate ? Explique ta réponse.

b) La réponse d'Ariane est-elle exacte ? Sinon, corrige-la.

Aide-mémoire

1 Dans chaque cas,

- indique si le produit est plus près de:
  50 100 300 500 1000 ou 2000;
- effectue ensuite la multiplication; utilise la stratégie de ton choix.

a) 32 x 2 = ■ *b)* 333 x 3 = ■ *c)* 346 x 8 = ■

d) 60 x 6 = ■ *e)* 258 x 4 = ■ *f)* 111 x 9 = ■

g) 67 x 5 = ■ *h)* 800 x 1 = ■ *i)* 231 x 7 = ■

2 Pour quelles multiplications du numéro 1 as-tu trouvé plus facilement le produit? Explique verbalement pourquoi.

3 Dans chaque cas,

- indique si le produit est plus près de:
  50 100 300 500 1000 ou 2000;
- effectue ensuite la multiplication; utilise un outil de référence.

a) 58 x 4 = ■ *b)* 439 x 3 = ■ *c)* 276 x 4 = ■

d) 600 x 6 = ■ *e)* 268 x 4 = ■ *f)* 79 x 9 = ■

g) 541 x 5 = ■ *h)* 290 x 7 = ■ *i)* 123 x 7 = ■

Pour enfin savoir

1 Les élèves de la classe de Lucie se posent la question suivante :
Si on prend une douche 5 fois par semaine, combien de douches prend-on en 1 année ?
Voici la réponse de 3 équipes.

Équipe de Joël

365 x 5 = ■	300 x 5 = 1500
	60 x 5 = 300
	5 x 5 = 25
Réponse : 1825 fois.	

Équipe de Néro

52 x 5 = ■	50 x 5 = 25
	2 x 5 = 10
Réponse : 35 fois.	

Équipe d'Héléna

52 x 5 = ■	2 x 5 = 10
	50 x 5 = 250
Réponse : 260 fois.	

a) Quelle équipe a la bonne réponse ?

b) Indique les erreurs que les 2 autres équipes ont commises.

2 Trouve la solution.

a) Gina monte l'escalier 4 fois par jour.
Combien de fois montera-t-elle l'escalier du 15 janvier au 15 avril ?

b) Ma grande sœur fait 3 heures de lecture par soir.
Combien d'heures cela fait-il en 1 mois ?

Pêle-mêle

Une nouvelle opération

1 Résous le problème suivant. Utilise le matériel de ton choix.
Laisse des traces de ta démarche.

> Pour l'atelier
> de construction,
> Maryse a 240 vis
> à distribuer à des équipes.
> Elle doit distribuer 20 vis
> à chaque équipe.
> Combien d'équipes
> vont recevoir des vis?

2 Dans chaque cas:
- trouve une équation qui correspond à la situation;
- trouve une solution;
- utilise le matériel de ton choix;
- laisse des traces de ta démarche.

a) Pour construire un bateau, chaque élève a besoin de 2 mètres de ficelle. Dans une bobine, il y a 32 mètres de ficelle. Combien d'élèves peuvent utiliser la même bobine?

b) Pour son invention, Jérémie doit acheter 60 aimants. Ils se vendent en paquet de 15. Combien de paquets d'aimants Jérémie doit-il acheter?

c) Sébastien doit fournir des cartons aux équipes de dessinateurs. Il a 52 cartons. Il veut remettre 4 cartons à chaque équipe. Combien d'équipes recevront des cartons?

d) Maude plante 120 clous. Elle en plante le même nombre sur chacune des 6 faces de son cube. Combien de clous y a-t-il sur chaque face du cube?

Quelques divisions

1 Dans chaque cas :

- résous le problème en utilisant le matériel de ton choix ;
- laisse des traces de ta démarche ;
- trouve une équation qui correspond à la situation. L'équation doit permettre de trouver la solution en une seule opération.

a) Patrick veut distribuer également 128 bâtonnets de craie à 8 amis. Combien de bâtonnets chaque ami recevra-t-il ?

b) Maxime veut distribuer également 126 balles à 6 joueurs. Combien de balles chaque joueur recevra-t-il ?

c) Sur sa maquette, Catherine doit fixer 108 ampoules en 9 rangées identiques. Combien d'ampoules y aura-t-il dans chaque rangée ?

d) Sur sa construction, Chloé colle 125 étoiles qu'elle place en 5 rangées identiques. Combien d'étoiles chaque rangée comptera-t-elle ?

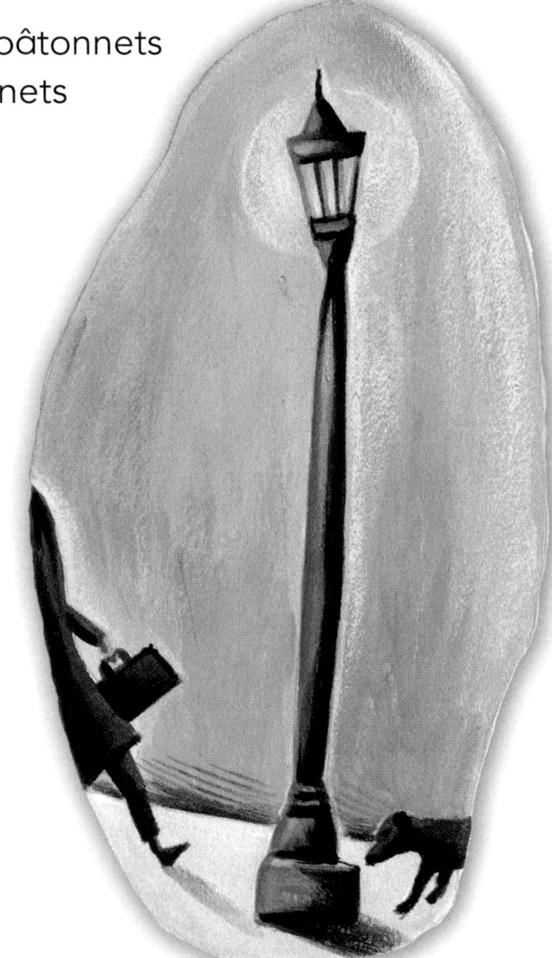

2 Trouve le terme manquant.

a) 20 = ■ x 5 *b)* 40 ÷ 2 = ■ *c)* 24 ÷ ■ = 6

d) 8 x 3 = ■ *e)* 12 ÷ ■ = 6 *f)* ■ x 3 = 12

3 Trouve le terme manquant.

a) 198 ÷ ■ = 9 *b)* 255 ÷ 5 = ■ *c)* ■ x 4 = 140

À peu près

1 Dans chaque cas :
- écris une équation ou une égalité qui correspond à la situation ;
- trouve la solution.

a) Pour la voile de son bateau, Thomas achète 10 mètres d'un tissu qui coûte 5 $ le mètre. Combien Thomas déboursera-t-il ?

b) Gabrielle a besoin de 300 anneaux en métal pour son prototype. Ils se vendent en paquet de 15. Combien de paquets d'anneaux Gabrielle doit-elle acheter ?

c) Félix et Rosalie jouent aux billes. Félix a 132 billes. Rosalie en a la moitié. Combien de billes Rosalie a-t-elle ?

d) Un album de bandes dessinées coûte 12 $. Combien coûtent 6 albums identiques ?

e) Pour construire un cerf-volant, chaque enfant a besoin de 3 mètres de ficelle. Une bobine de ficelle contient 36 mètres. À combien d'enfants une bobine peut-elle servir ?

f) Alysson achète du ruban qui coûte 4 $ le mètre. Elle a payé 48 $ au total. Quelle longueur de ruban a-t-elle achetée ?

2 Florence doit mettre 1 timbre sur chacune de ses 85 invitations. Les timbres se vendent en carnet de 10. Combien de carnets Florence doit-elle acheter ? Explique ta réponse.

Des histoires à partager

1 Dans chaque cas:

- indique la ou les opérations qui correspondent à la situation;
- trouve la solution.

a) Loria cultive des fleurs. Elle plante 8 rangées de 12 plants de jonquilles et 10 rangées de 9 plants de marguerites. Combien de plants de fleurs a-t-elle plantés en tout?

b) Vincent range des œufs dans des boîtes de 6. Combien de boîtes lui faudra-t-il pour ranger 48 œufs?

c) Pour marquer son trajet, Dominique dépose 1 caillou tous les 10 pas. Il a déposé 20 cailloux. Combien de pas Dominique a-t-il faits?

d) Joshua a acheté du tissu pour faire des voiles. Ça lui a coûté 72 $. Le tissu se vend 8 $ le mètre. Chaque voile nécessite 3 mètres de tissu. Combien de voiles Joshua peut-il confectionner?

2 Julia invite 5 amies chez elle. Pour la collation, sa mère prépare 38 petits biscuits. Elle veut les partager également entre tous les enfants. Combien de biscuits restera-t-il après le partage?

Pêle-mêle

Du rêve à la réalité

En 1903, les frères Orville et Wilbur Wright réussissent à faire décoller un appareil équipé de 2 hélices et d'un moteur à explosion. Cet exploit marque le début de l'aviation.

Le *Flyer I* a parcouru une distance de 70 m au cours de son premier vol.

Peu à peu, les avions se perfectionnent. Ils constituent aujourd'hui le moyen de transport le plus rapide pour franchir de grandes distances. Que de chemin parcouru depuis le premier vol des frères Wright!

L'*Airbus 340-500*, un des plus gros avions de transport moderne.

1 Compare les 2 avions de la page 31.
Note leurs ressemblances et leurs différences.

2 Quelle invention technologique importante a permis aux premiers aviateurs d'augmenter la durée et la distance de leurs vols?

Clin d'Œil

Le mot **avion** vient du latin *avis* qui signifie «oiseau». Il a été créé par Clément Ader qui nomma ainsi l'appareil qu'il avait inventé.

Ton projet

Tu choisiras et construiras un modèle d'avion de papier en vue de participer à une compétition. Celle-ci comprend 3 épreuves: une de distance, une de durée et une de précision.

Pour y arriver, tu devras:

- trouver différentes propriétés de l'air;
- observer les effets des différentes forces qui influencent le vol des avions;
- expérimenter la forme des ailes des avions;
- tester différents modèles d'avions de papier;
- mesurer avec précision des distances;
- comprendre un système de repérage.

L'air en mouvement

1 Observe l'illustration. Trouve différentes manifestations de la présence de l'air. Explique l'action de l'air dans chaque cas.

2 Trouve d'autres manifestations de la présence de l'air que tu observes dans ton environnement.

Dans le feu de l'action

Sur une feuille, trace 2 rectangles de 16 cm de longueur sur 8 cm de largeur, puis découpe-les. Réalise ensuite les 3 activités suivantes.

A Tiens 1 bande de papier devant toi, par une seule extrémité. Place-la juste au-dessous de ta lèvre inférieure. Souffle au-dessus de la bande de papier. Que se passe-t-il ?

B Prends 2 bandes de papier. Tiens-les devant toi, bien parallèles, et souffle entre elles. Que se passe-t-il ?

C Utilise 1 bande de papier. Plie chaque extrémité à 3 cm du bord, de façon à former un pont. Place la bande sur une table et souffle sous le pont. Que se passe-t-il ?

3 Comment expliques-tu le comportement des bandes de papier au cours de chaque expérience ?

Les forces en action

La force

Un objet bouge lorsque quelque chose le pousse ou le tire. Il est alors soumis à ce qu'on appelle une **force**. Une force peut mettre un objet en mouvement ; elle peut accélérer, ralentir ou arrêter ce mouvement et changer sa direction.

1 Lance ton avion de papier dans les airs.

a) Observe son vol et décris-le.

b) Selon toi, quelles forces empêchent ton avion de toujours voler en ligne droite ?

c) Qu'est-ce qui donne à ton avion la force nécessaire pour s'envoler ?

d) Dans le cas des vrais avions, qu'est-ce qui leur permet de s'envoler ?

2 Comment ton avion volera-t-il si :

a) tu attaches un trombone à son nez ?

b) tu attaches un trombone à sa queue ?

c) tu ajoutes 2 trombones ou plus à l'une ou l'autre des extrémités ?

L'aile volante

Comme les oiseaux, les avions ont des ailes qui leur permettent de voler. Observe bien les 2 sortes d'ailes. Note leurs ressemblances.

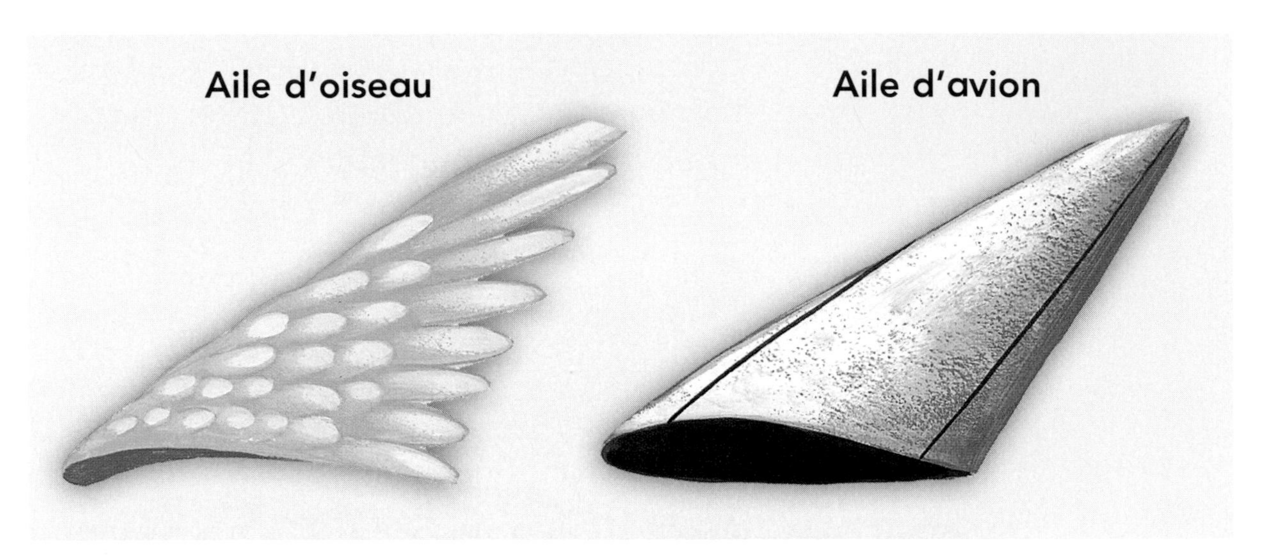

1 Que peux-tu dire au sujet de leur forme ?

2 Selon toi, pourquoi cette forme permet-elle aux avions et aux oiseaux de voler ?

Dans le feu de l'action

Voici un montage qui t'aidera à mieux comprendre le rôle que joue la forme d'une aile dans le vol d'un oiseau ou d'un avion. Comme ce montage est difficile, tu devras faire plusieurs essais avant d'obtenir un résultat.

1° Trace un rectangle de 20 cm de longueur sur 10 cm de largeur dans du carton mince, puis découpe-le.

2° Plie le carton en 2 de façon qu'un côté soit légèrement plus court que l'autre.

3° Retourne le carton
vers le côté le plus court.
Colle les bords l'un
sur l'autre avec
du ruban adhésif.

4° Avec un objet pointu,
perce 2 trous,
un de chaque côté
de l'aile, en les alignant
le plus possible.

5° Introduis un morceau
de paille dans les 2 trous
de l'aile. Fixe-le avec
du ruban adhésif.

6° Passe un fil
dans la paille.
Fixe une extrémité
du fil sous ton bureau
et l'autre au sol.
Assure-toi que le fil
est bien tendu.

7° À l'aide d'un sèche-
cheveux, envoie de l'air
en ligne droite au-dessus
de l'aile. L'aile devrait
s'élever, mais il est
possible que tu n'y
arrives pas du premier
coup. Essaie à nouveau.

Une règle brisée

À l'aide de ta règle brisée, mesure, au centimètre près, chacun des objets illustrés. Compare tes résultats avec ceux des membres de ton équipe.

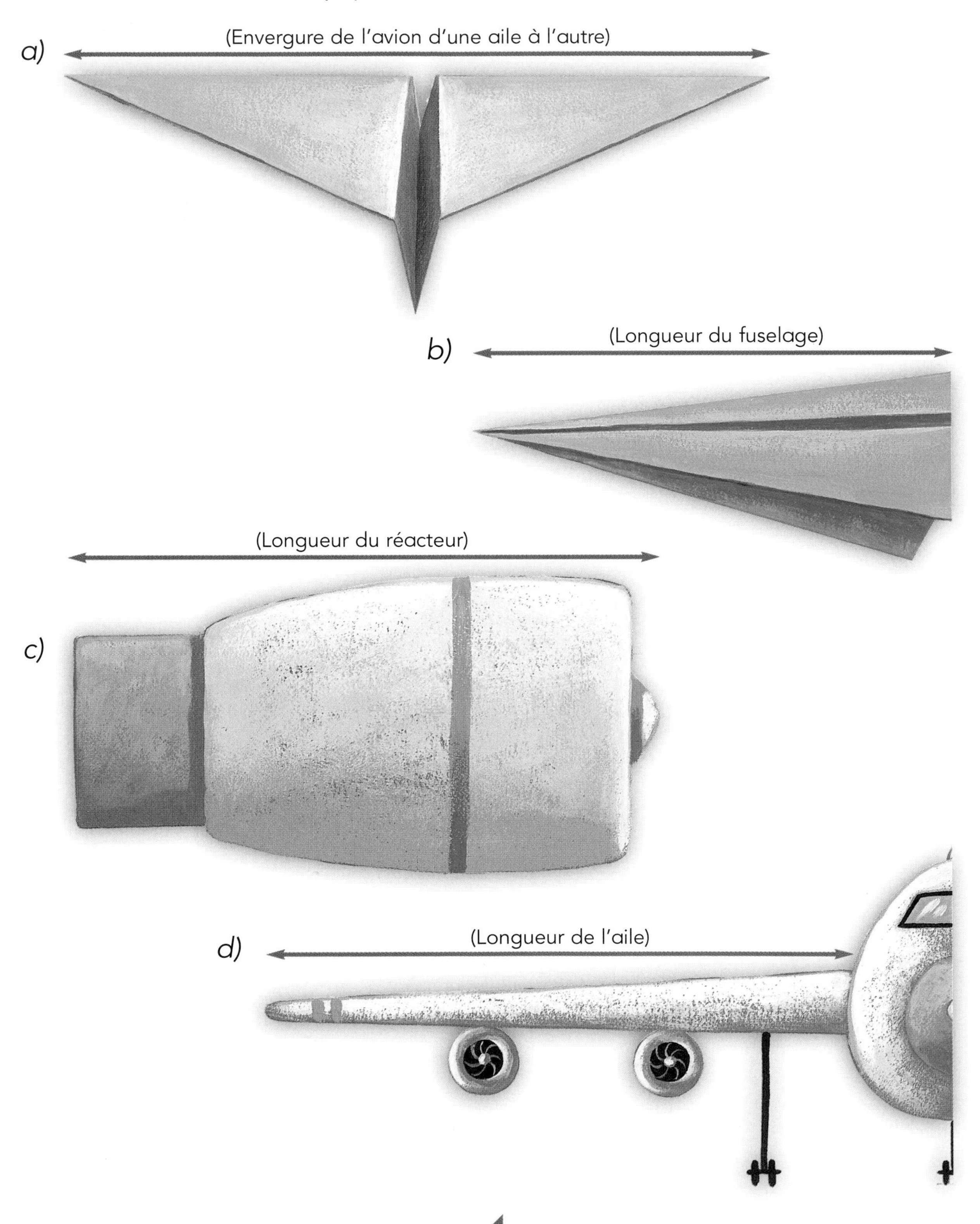

Des unités de mesure

Du mètre au millimètre

1 m = 10 dm
1 m = 100 cm
1 m = 1000 mm

1 dm = 10 cm
1 dm = 100 mm

1 cm = 10 mm

1 dm

1 cm

1 mm

1 Trouve les mesures équivalentes.
Utilise une règle ou un mètre au besoin.

a) 45 cm = ■ mm

b) 410 dm = ■ cm = ■ mm

c) 2000 mm = ■ m = ■ cm

d) 5 m = ■ dm = ■ mm

e) 87 dm = ■ cm = ■ mm

f) 30 mm = ■ cm

g) 600 cm = ■ m = ■ dm = ■ mm

h) 155 cm = ■ mm

2 Observe ces avions et lis leur fiche technique. Réponds ensuite aux questions de la page 41.

- Envergure : environ 12 m.
- Longueur : 6 m.
- Distance parcourue en 1 heure : près de 48 km.
- Capacité : au plus 2 personnes.

Le *Flyer I* (1903)

Le *Boeing 747-400* (1969)

- Envergure : près de 65 m.
- Longueur : près de 71 m.
- Distance parcourue en 1 heure : environ 900 km.
- Capacité : près de 400 personnes.

- Envergure : environ 26 m.
- Longueur : 62 m.
- Distance parcourue en 1 heure : 2200 km.
- Capacité : près de 106 personnes.

Le *Concorde* (1971)

L'*Airbus 380-800* (2000)

Cet avion sera en service en 2006. Les concepteurs envisagent même la possibilité d'y installer une salle de jeux pour les enfants.

- Envergure : 80 m.
- Longueur : environ 72 m.
- Distance parcourue en 1 heure : près de 998 km.
- Capacité : environ 575 personnes.

a) Compare les dimensions de ton avion de papier à celles du *Flyer I*.

- Quelle est la différence entre les envergures?
- Quelle est la différence entre les longueurs?
- Combien de fois dois-tu placer ton avion côte à côte pour obtenir environ la même envergure que le *Flyer I*?

b) Compare les dimensions du *Flyer I* à celles de l'*Airbus 380-800*.

- Quelle est la différence entre les envergures?
- Quelle est la différence entre les longueurs?
- Combien de fois dois-tu placer le *Flyer I* bout à bout pour obtenir la longueur de l'*Airbus 380-800*?

c)
- Quelle distance aura parcourue le *Boeing 747-400* après 5 heures de vol?
- Pour parcourir cette même distance, combien d'heures de vol environ le *Concorde* devra-t-il effectuer?

d)
- Combien de personnes 2 avions *Airbus 380-800* pourront-ils transporter?
- Combien de *Concorde* faudrait-il pour transporter le même nombre de personnes que 2 avions *Airbus 380-800*?

Des résultats records

Savais-tu que...

- Le plus grand avion de papier du monde possède une envergure d'un peu plus de 15 m.

- Un avion de papier a déjà parcouru une distance de près de 66 m. C'est le record du monde de distance pour un vol intérieur d'un avion de papier.

- Le 8 octobre 1998, Ken Blackburn a fait voler son avion de papier pendant 27,6 s (soit près de 28 s). C'est le record du monde pour la plus longue durée de vol.

1 Compare tes résultats avec ces records du monde.

a) Quelle est la différence entre les distances parcourues?

b) Quelle est la différence entre les durées de vol?

Si ton avion de papier a parcouru une distance:

- de 7 m, **tu lances très bien!**
- de plus de 10 m, **tu mérites une médaille!**

Savais-tu que seuls des adultes peuvent réaliser des vols dont la distance dépasse 15 m?

2 Si tu compares l'envergure du plus grand avion de papier à celle de ton avion, dirais-tu qu'elle est:

- 50 fois plus grande?
- 100 fois plus grande?
- 150 fois plus grande?
- 200 fois plus grande?

Pêle-mêle

Aire ou périmètre?

1 Deux nombres sont inscrits sous chaque figure plane.
L'un de ces nombres correspond au **périmètre** de la figure.
L'autre nombre correspond à l'**aire** de la figure.
Les deux nombres n'apparaissent pas toujours dans le même ordre.

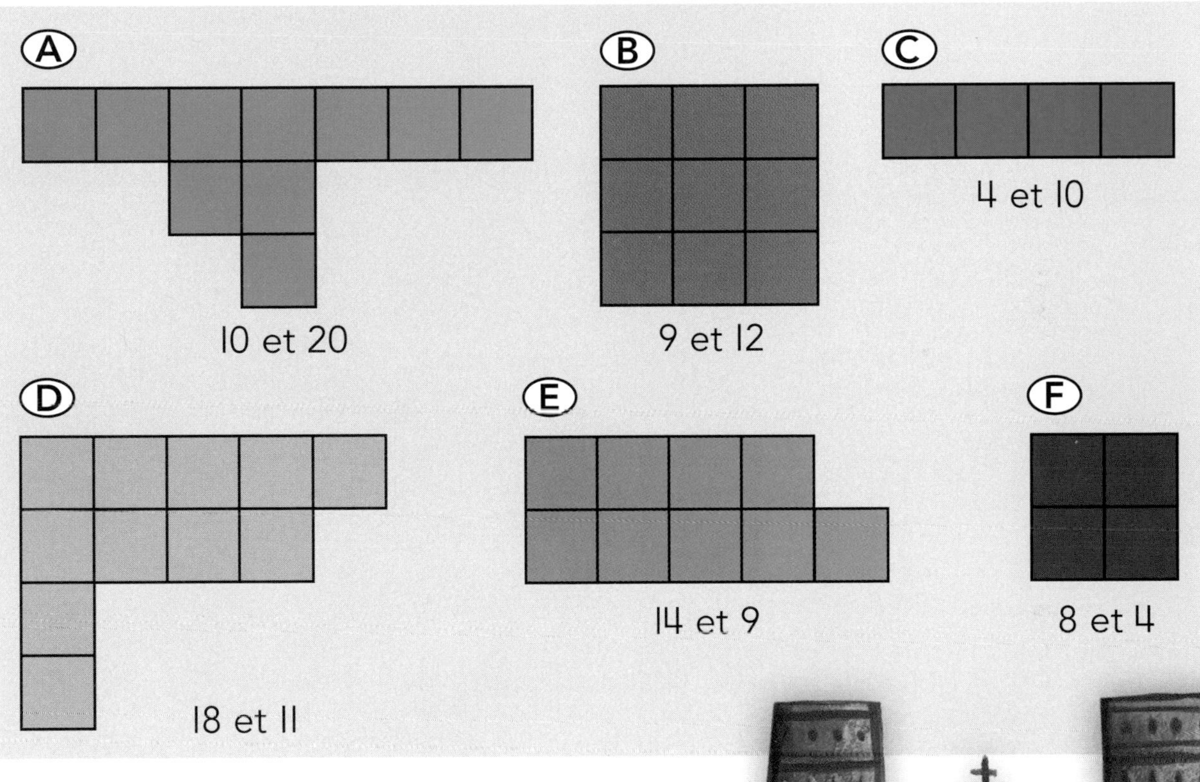

a) D'après toi, que veut dire le mot:
- périmètre?
- aire?

b) • Quelle figure plane a le plus grand périmètre?
- Quelle figure plane a la plus grande mesure d'aire?

2 Trace un triangle dont le périmètre est de 21 cm. Mesure l'aire de ton triangle.

Le périmètre

Le périmètre

Le périmètre est la longueur de la frontière d'une figure plane fermée.

Figures planes fermées

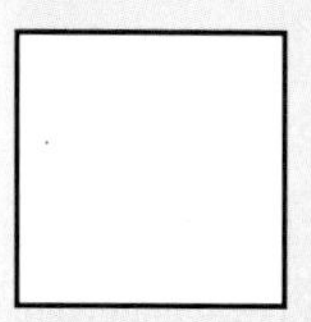
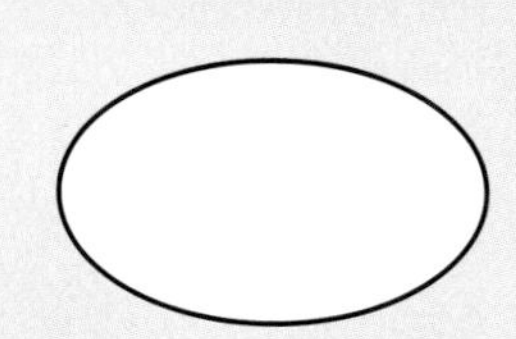

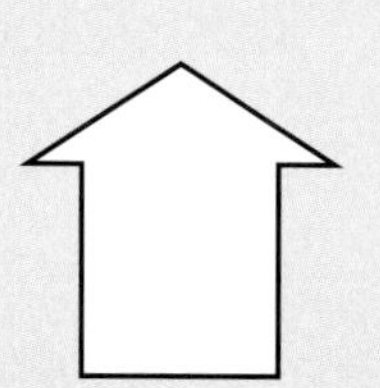

On obtient le périmètre d'un polygone en trouvant la somme de la longueur de ses côtés.

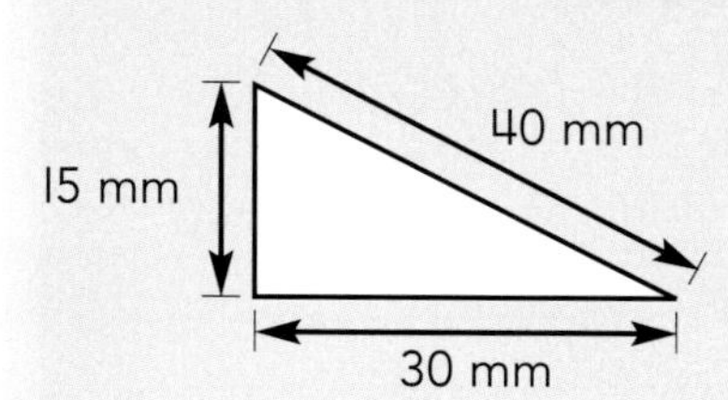

15 mm + 30 mm + 40 mm = 85 mm
Le périmètre du triangle est de 85 mm.

1 Trouve le périmètre de chaque figure plane.

a)

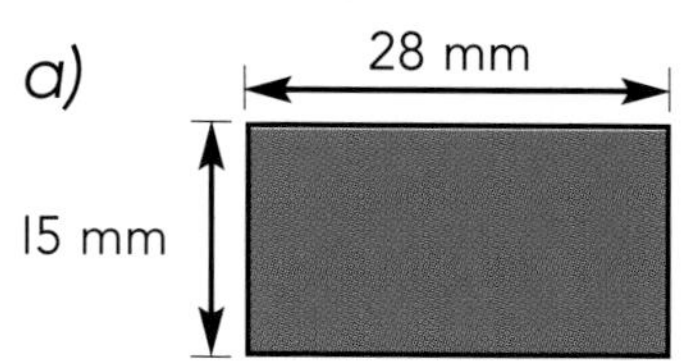

b)

12 mm

c)

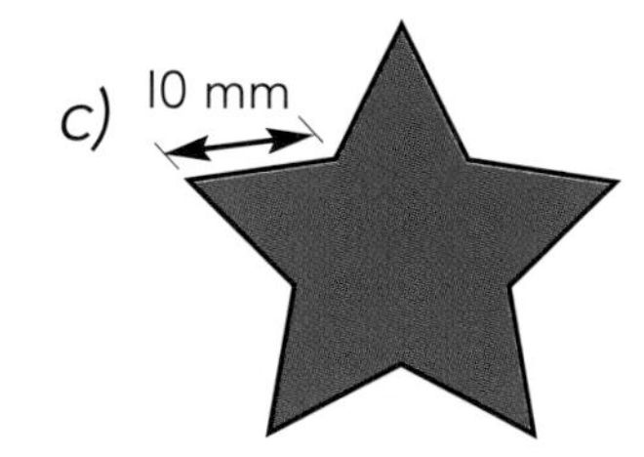

2 Trouve le périmètre de chaque figure plane.
Indique ta mesure en millimètres.

a)

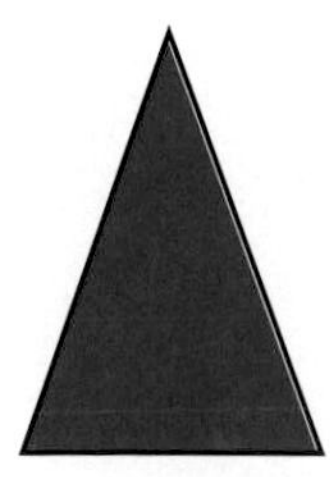

b)

c)

Des mesures à prendre

1 Mesure l'aire des figures planes suivantes.
Utilise l'unité de mesure appropriée à chacune.

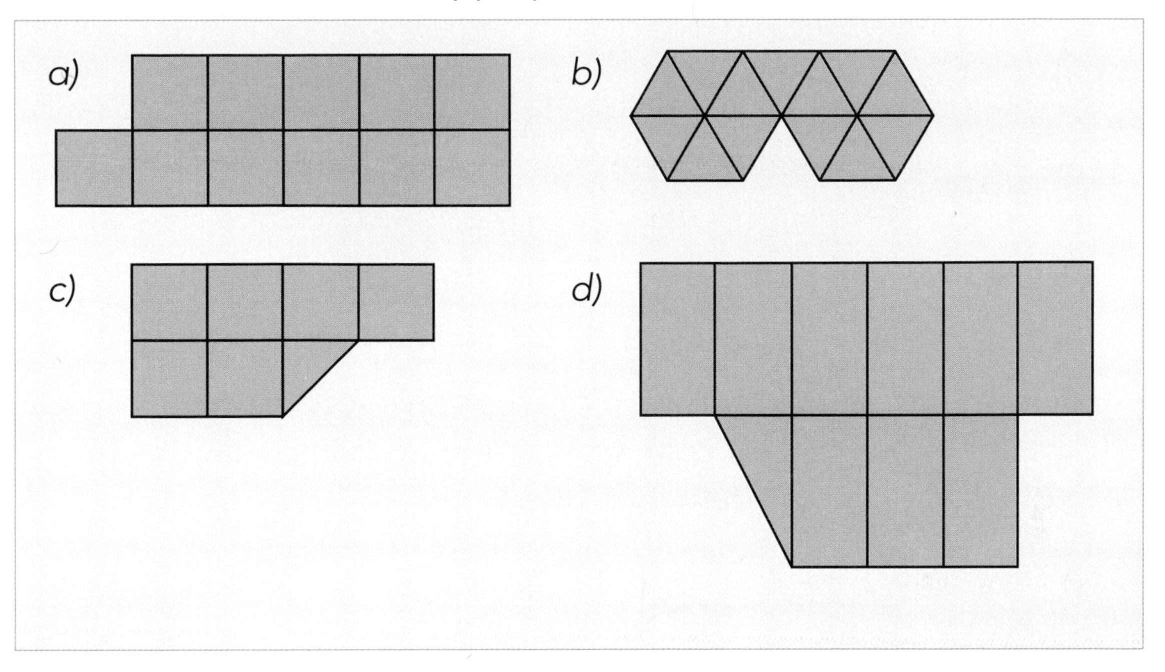

2 Trouve le périmètre des figures du numéro 1 *a* et 1 *b*.
Indique tes mesures en centimètres.

3 Joël dit que l'aire de cette figure est de 9.
Guillaume dit qu'elle est de 18.

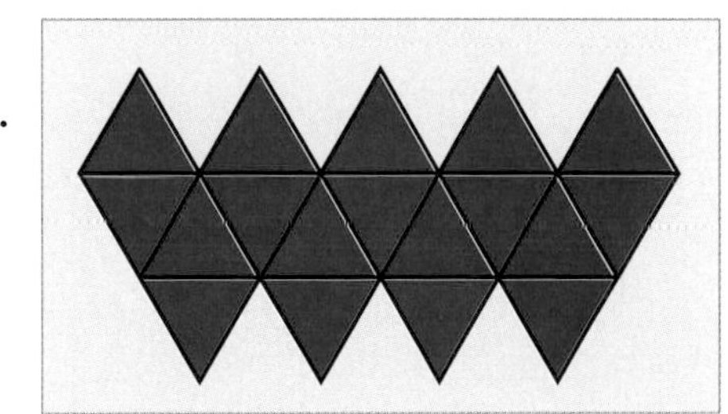

a) Qui a raison ?

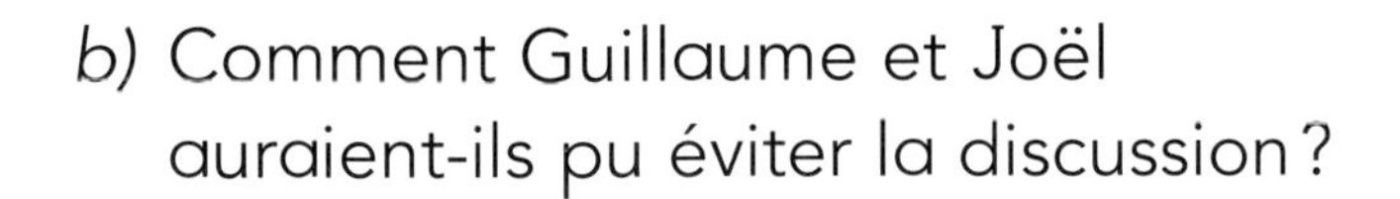

b) Comment Guillaume et Joël auraient-ils pu éviter la discussion ?

c) Quel est, en centimètres, le périmètre de cette figure ?

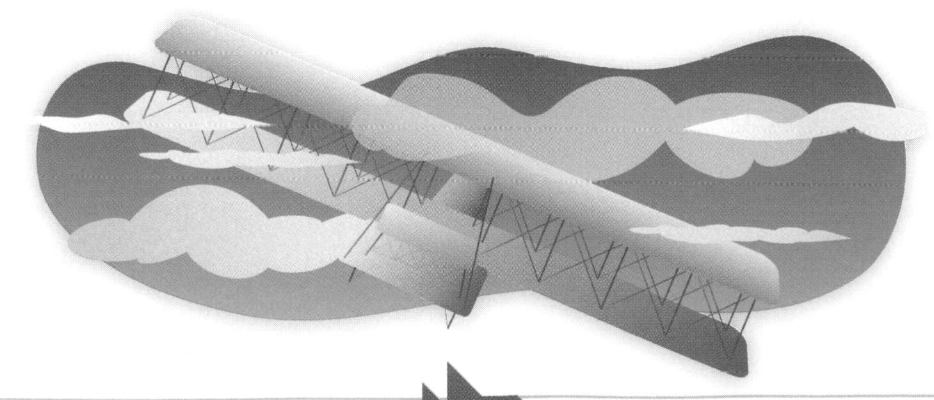

L'aire

L'aire

Pour mesurer l'aire d'une figure plane, il faut:

- recouvrir entièrement la figure à l'aide d'une unité de mesure;
- compter le nombre d'unités de mesure utilisées.

Exemple:

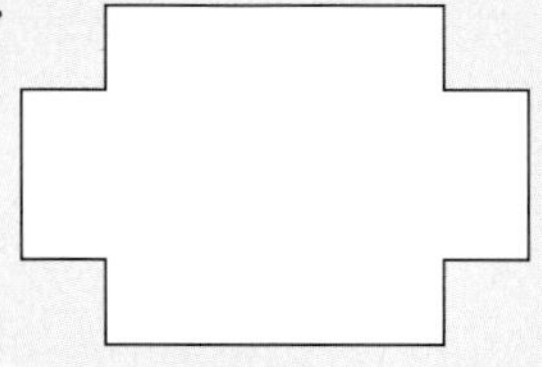

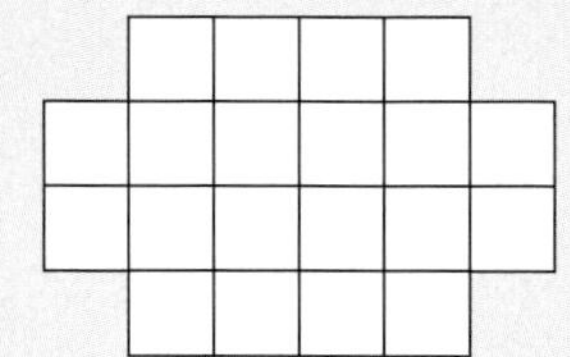

L'aire de cette figure plane est de 20 carrés-unités.

Pour exprimer une mesure d'aire approximative, on utilise des termes comme «entre», «à peu près», «environ», «moins de», «plus de».

Exemple:

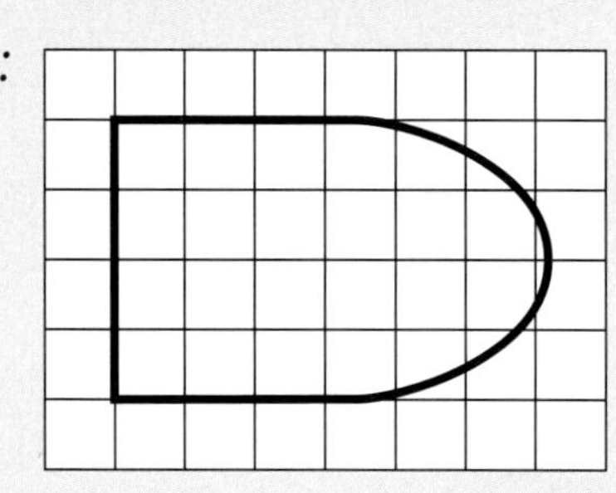

L'aire de cette figure plane est d'environ 22 carrés-unités.

ou

L'aire de cette figure plane est de moins de 24 carrés-unités.

Place les figures planes suivantes dans l'ordre croissant selon leur aire.

a)

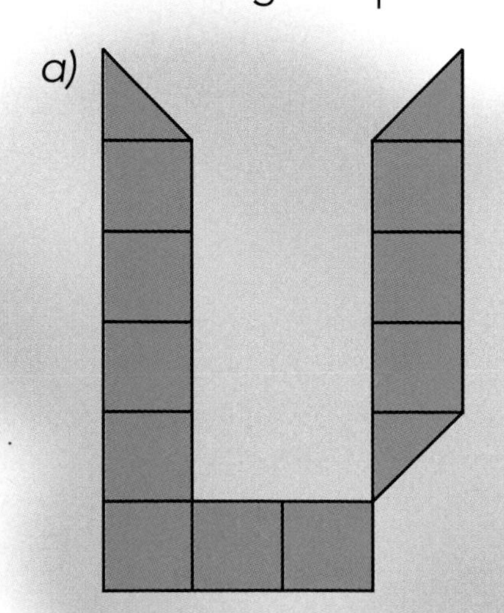

b)

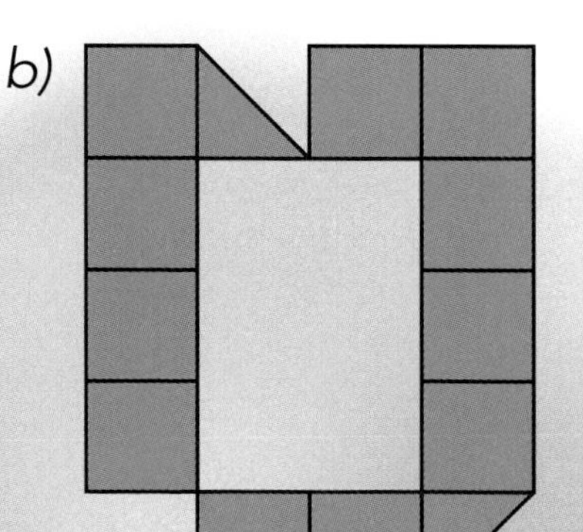

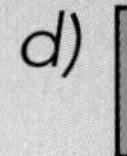

c)

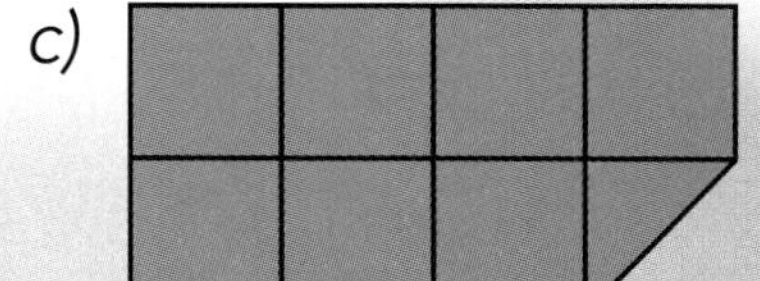

d)

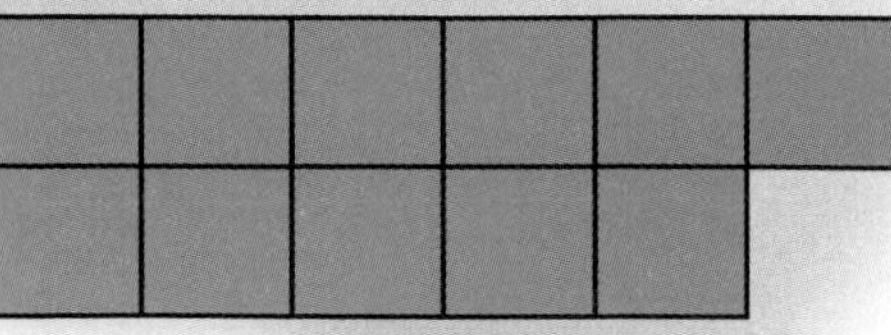

Question d'espace

1 Réponds aux questions.
Utilise du papier quadrillé pour t'aider.

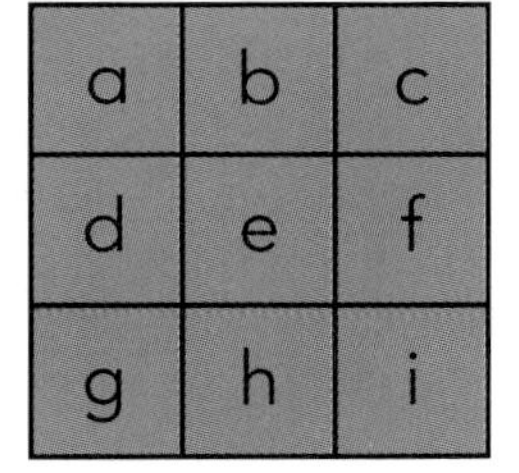

a) Quel est, en centimètres, le périmètre de cette figure plane?

b) Quelle est son aire, en carrés-unités?

c) Modifie cette figure plane pour que son aire soit différente sans que son périmètre change.

d) Quelle est la plus petite aire que peut avoir cette figure tout en gardant le même périmètre?

2 Quelle est, approximativement, l'aire de cette figure plane? Exprime ta réponse de 2 façons différentes.

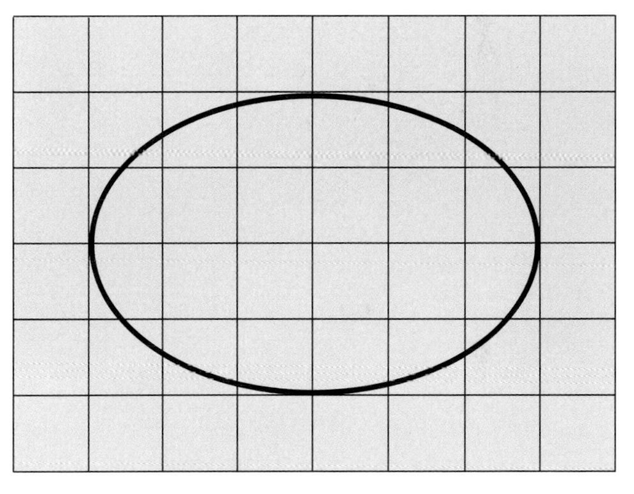

3 Observe les 3 figures planes suivantes.

a) Qu'est-ce que ces figures ont en commun?

b) Qu'est-ce que ces figures ont de différent?

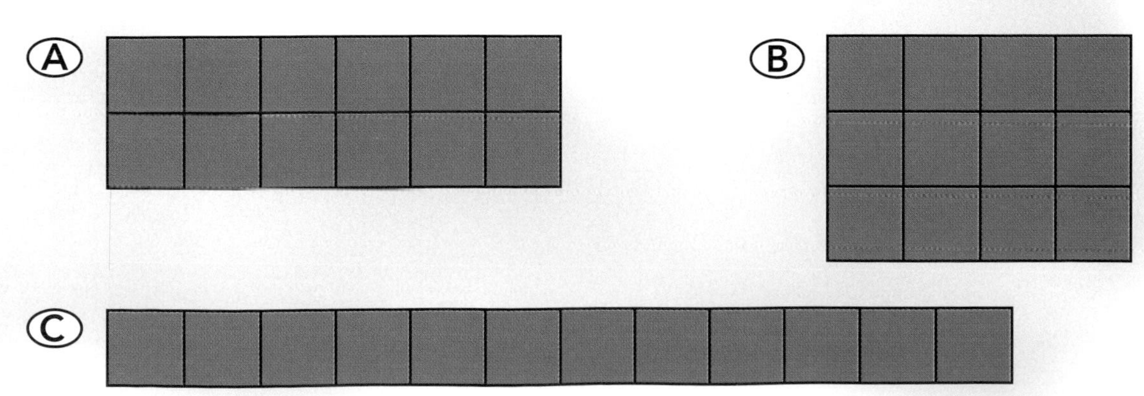

Pêle-mêle

La chance te sourit

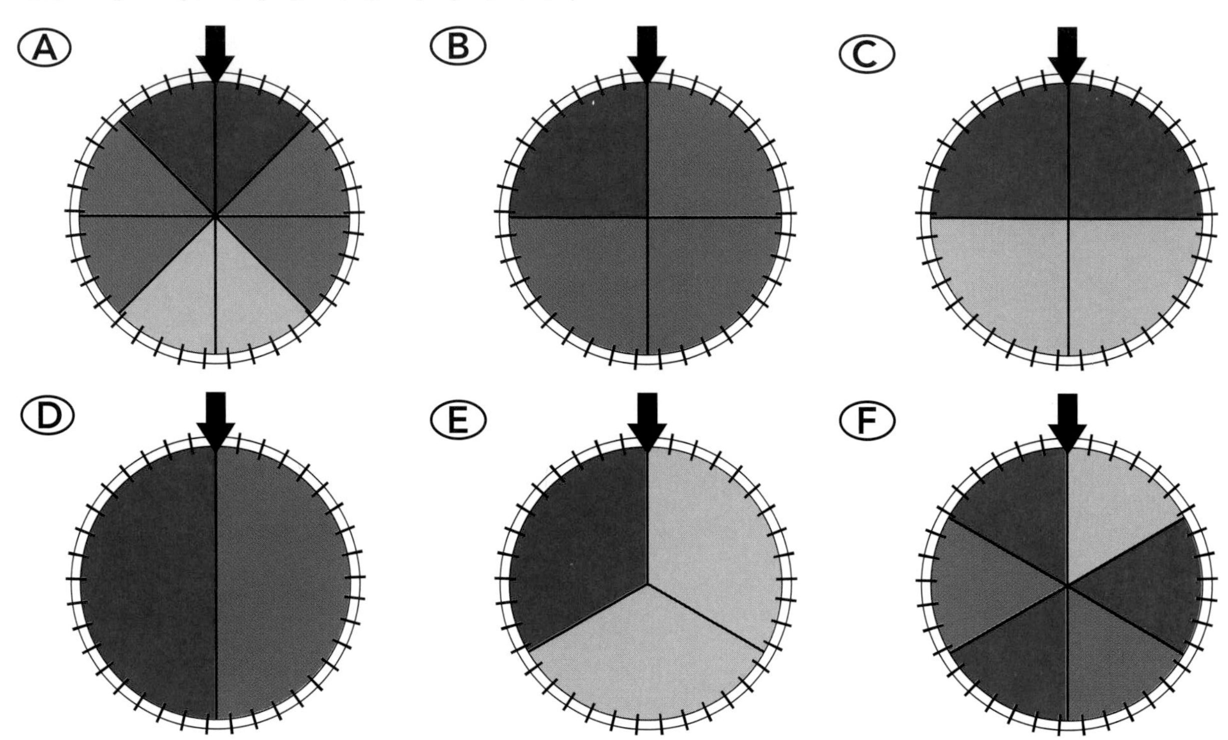

1 Si on fait tourner toutes les roulettes,

a) avec quelle roulette est-il le plus probable que la flèche s'arrête sur la couleur bleue?

b) avec quelles roulettes est-il le moins probable que la flèche s'arrête sur la couleur jaune?

c) avec quelles roulettes est-il également probable que la flèche s'arrête sur la couleur rouge?

2 Parmi les roulettes de la page 48, lesquelles ont:

a) 2 fois plus de régions bleues que de régions rouges?

b) la moitié de leurs régions rouges?

c) des régions jaunes qui représentent la moitié des régions bleues?

d) plus de la moitié de leurs régions bleues?

e) la moitié de leurs régions bleues?

Ton projet

Tu fabriqueras une roulette en suivant les consignes qu'on te donnera.

Tu choisiras ensuite parmi plusieurs roulettes celle avec laquelle il est plus probable que tu gagnes au jeu des engrenages. Mais pour cela, il te faudra connaître les fractions...

Tu devras:

- partager un tout en parties identiques;
- partager une collection en parts égales;
- représenter et comparer des fractions à l'aide de différents matériels;
- reconnaître et nommer des fractions.

Pièce à pièce

Des parties d'un tout

1 Indique la fraction qui correspond à la partie orangée de chaque collection.

a) 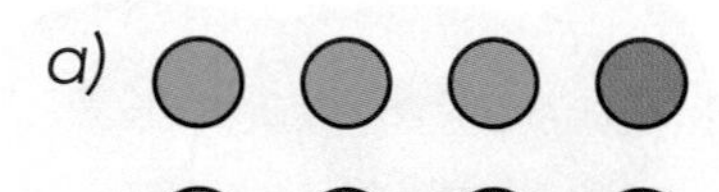

b) 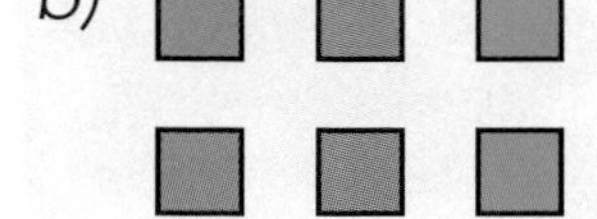

c) 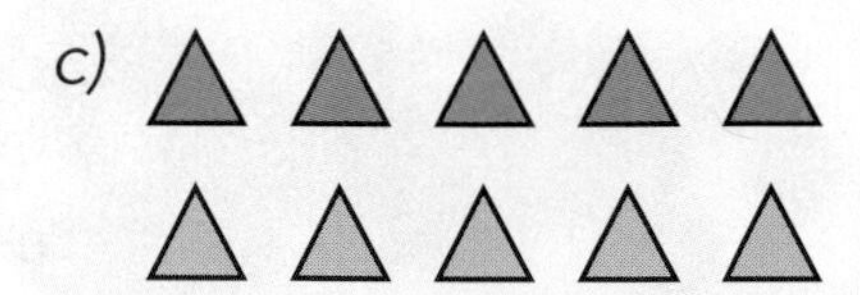

d) 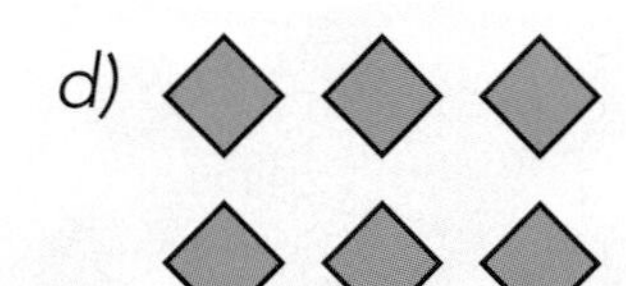

e) 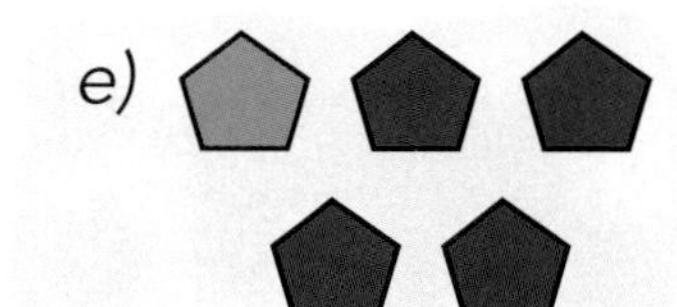

f) 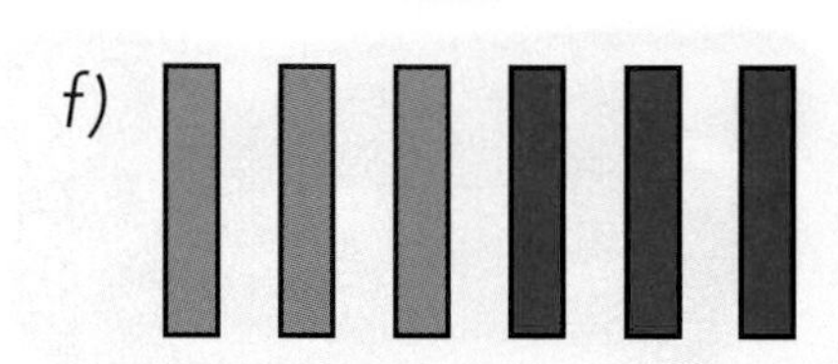

2 Associe la partie bleue de chaque illustration à la fraction qui convient.

$\frac{6}{10}$ $\frac{1}{4}$ $\frac{7}{12}$ $\frac{1}{2}$ $\frac{2}{3}$ $\frac{3}{4}$

a) 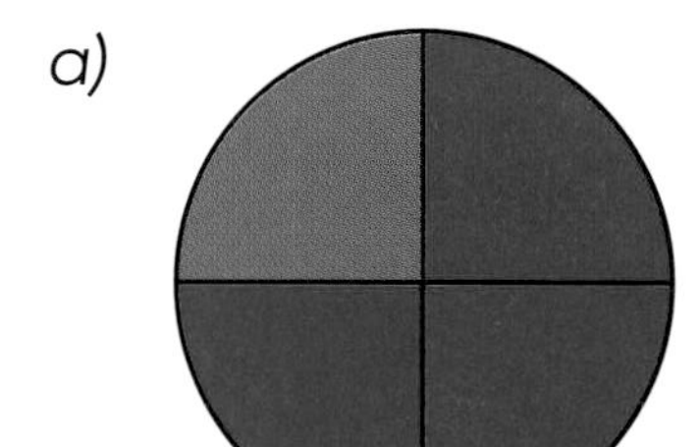

b) 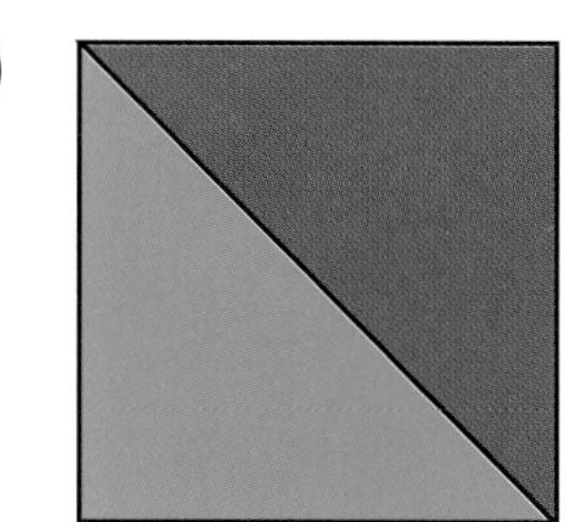

c) 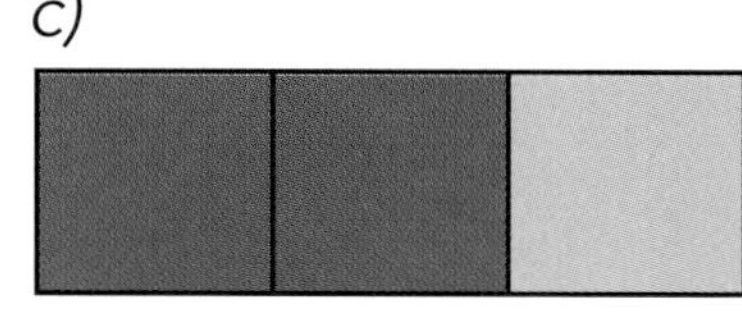

d) 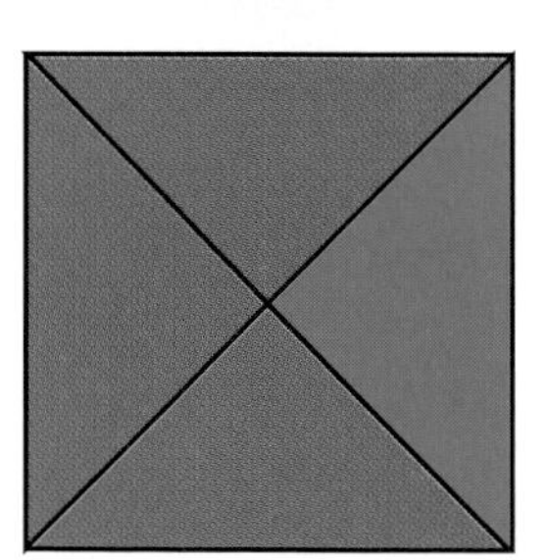

e) 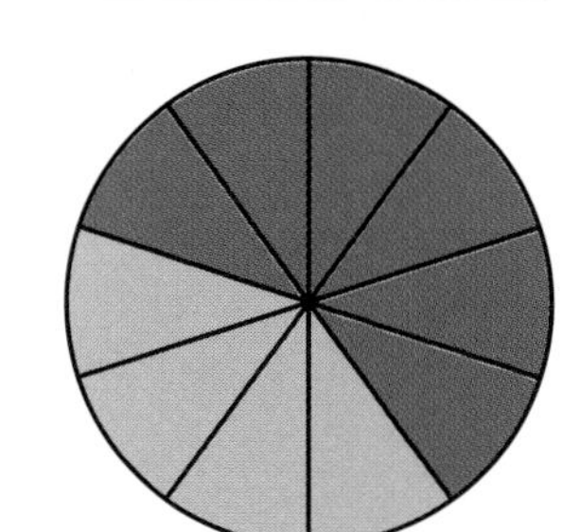

f) 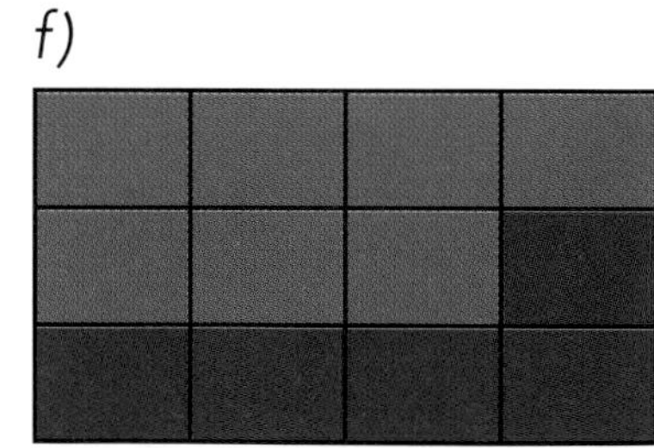

3 Indique quelles façons de représenter $\frac{1}{2}$ sont exactes.

Ⓐ 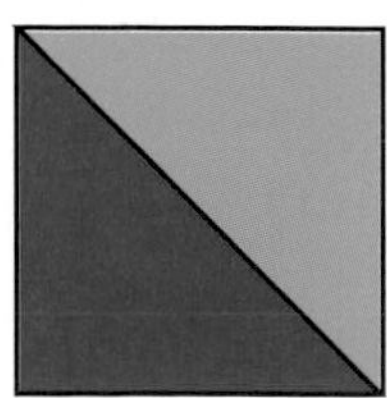

Ⓑ 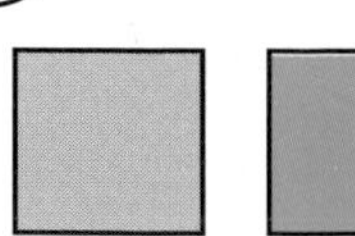

Ⓒ 

Ⓓ 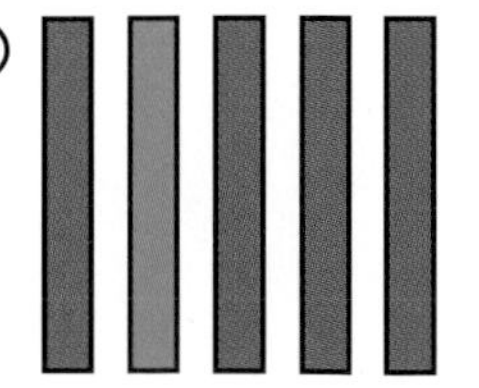

Des réglettes et des fractions

Lire des fractions

La fraction est composée d'un numérateur et d'un dénominateur.

Numérateur ⟵ 3

$\frac{3}{7}$

7 ⟶ Dénominateur

- Le **dénominateur** indique en combien de parties identiques ou équivalentes l'entier est partagé. C'est le dénominateur qui donne son nom à la fraction. Par exemple, la fraction $\frac{3}{7}$ se lit : trois **sept**ièmes.
- Le **numérateur** indique le nombre de parties représentées par rapport à l'entier. Par exemple, la fraction $\frac{3}{7}$ correspond à **3** parties sur 7.

Voici comment se nomment quelques fractions :

$\frac{3}{5}$: trois **cinq**uièmes $\frac{1}{6}$: un **six**ième $\frac{4}{8}$: quatre **huit**ièmes

$\frac{10}{15}$: dix **quinz**ièmes $\frac{6}{20}$: six **vingt**ièmes

Les fractions qui ont 2, 3 ou 4 comme dénominateur font exception à cette façon de nommer les fractions. On dira par exemple :

$\frac{1}{2}$: un demi $\frac{1}{3}$: un tiers $\frac{2}{4}$: deux quarts

1 Lis chaque fraction.

a) $\frac{2}{5}$ *b)* $\frac{4}{10}$ *c)* $\frac{35}{40}$ *d)* $\frac{62}{100}$ *e)* $\frac{13}{120}$

2 Place-toi en équipe avec une autre personne.
Lis les fractions de la boîte A et demande à l'autre de les écrire.
Demande-lui ensuite de lire les fractions de la boîte B et écris-les.

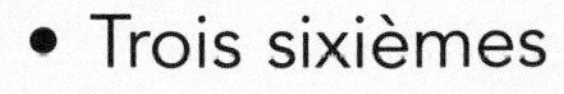

(A)
- Trois sixièmes
- Sept dix-huitièmes
- Trois quarts

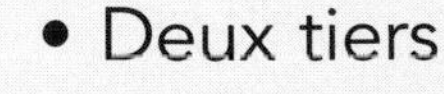

(B)
- Deux tiers
- Six douzièmes
- Quatre cinquièmes

3 Quelle fraction de représente chacune des illustrations suivantes?

a)  *b)*

c)  *d)*

e)

4 Dans chaque cas, trouve à quelle fraction correspondent les réglettes représentées.

a) si l'entier est

b) si l'entier est

c)

si l'entier est

5 Indique quelle réglette est l'entier si la réglette :

a) 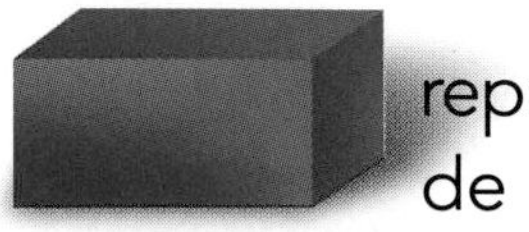 représente $\frac{1}{4}$ de l'entier.

b) représente $\frac{1}{3}$ de l'entier.

c)  représente $\frac{1}{3}$ de l'entier.

d)  représente $\frac{1}{2}$ de l'entier.

Un hexagone à partager

1 Observe les figures planes. L'entier est représenté par 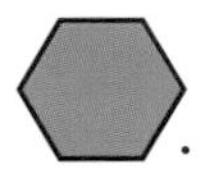.

Ⓐ 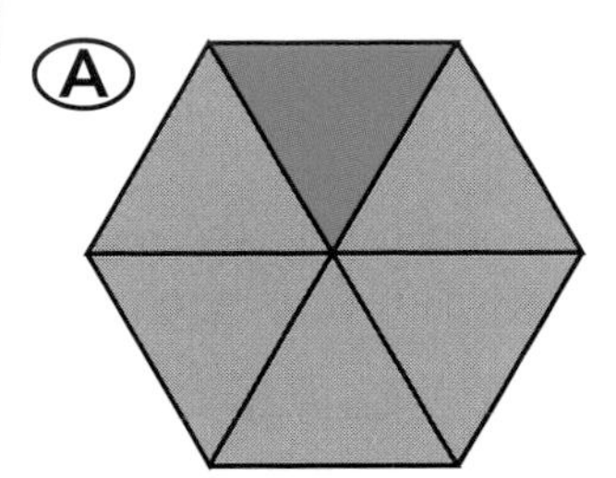 Ⓑ 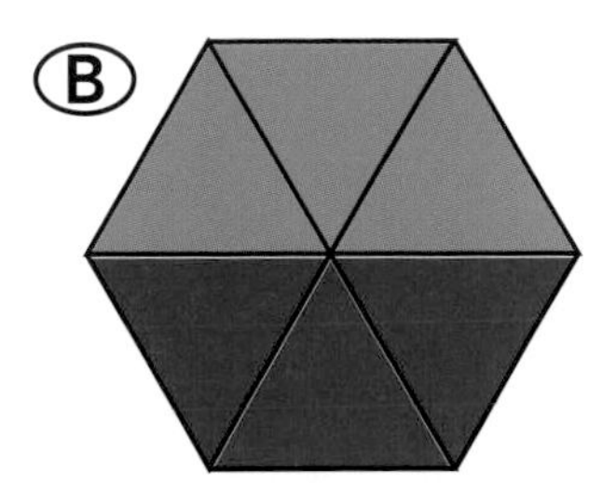 Ⓒ 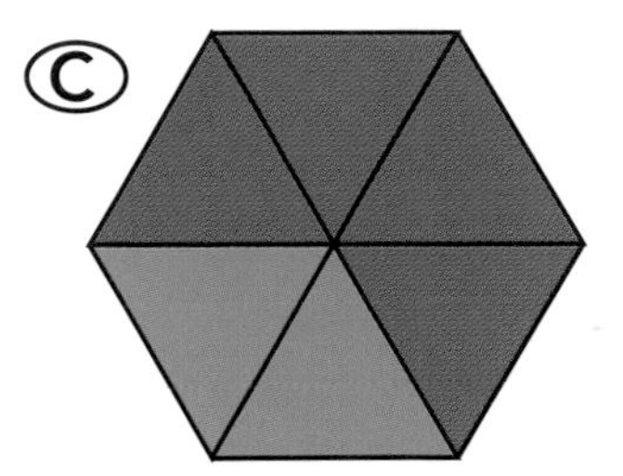

Ⓓ 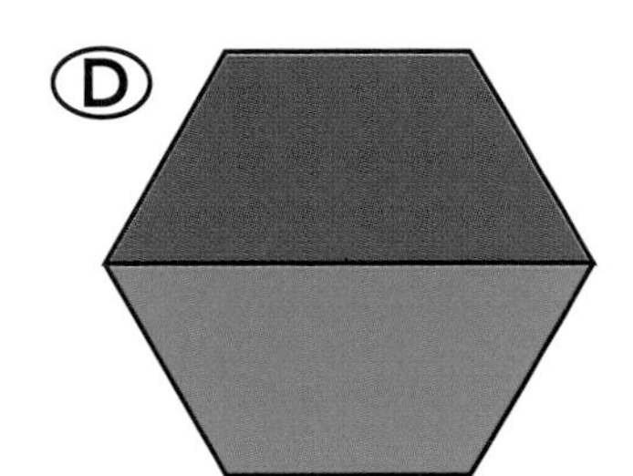 Ⓔ 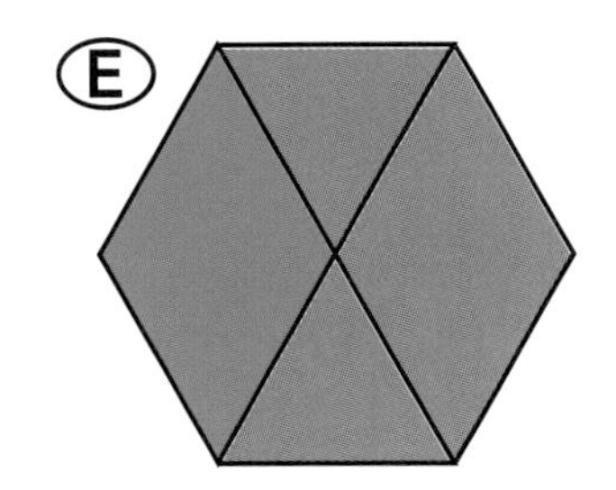 Ⓕ 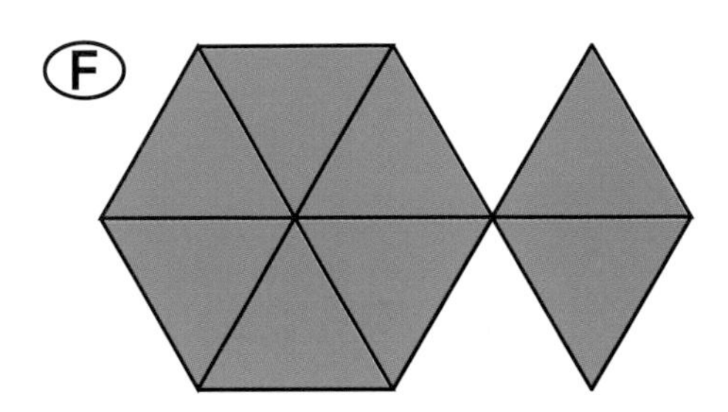

a) Dans chaque cas, quelle fraction de l'entier la couleur verte couvre-t-elle ?

b) Dans quelles figures planes la couleur verte couvre-t-elle des espaces équivalents ?

2 Indique quelle figure plane correspond à chaque énoncé.

Ⓐ 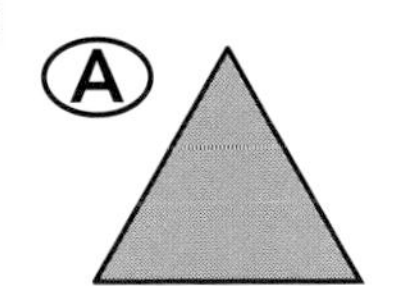  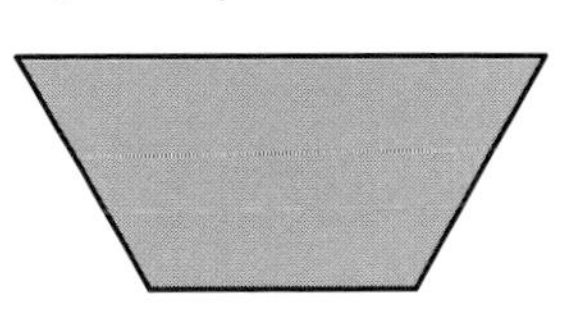  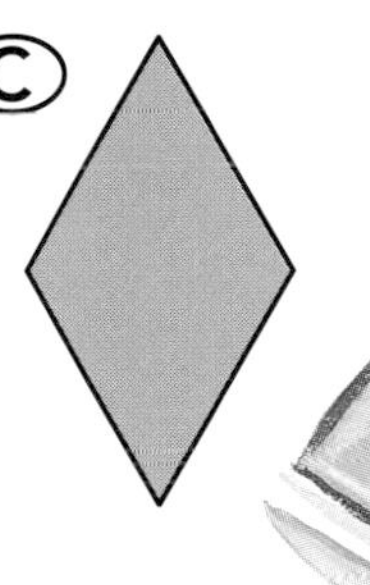

Je représente :

a) le tiers de l'entier du numéro 1.

b) la moitié de l'entier du numéro 1.

c) le sixième de l'entier du numéro 1.

Des collections à partager

1 Indique combien d'objets chaque fraction représente.

a) $\frac{1}{2}$ de

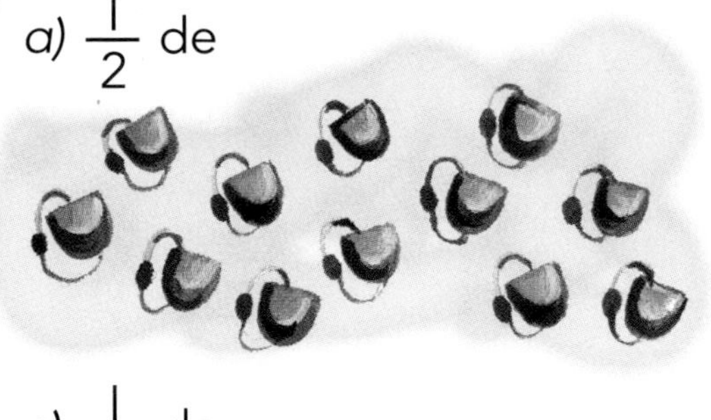

b) $\frac{1}{4}$ de

c) $\frac{1}{6}$ de

d) $\frac{1}{5}$ de

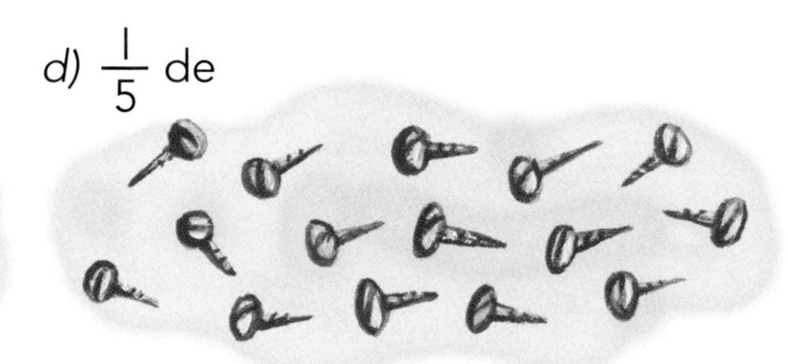

2 Indique combien d'objets chaque collection compte si :

a)  représentent $\frac{1}{2}$ de la collection.

b)  représentent $\frac{1}{4}$ de la collection.

c)  représentent $\frac{1}{2}$ de la collection.

d)  représentent $\frac{1}{2}$ de la collection.

3 Choisis 1 problème et résous-le.

a) Dans un sac, il y a 12 billes. Les $\frac{2}{3}$ des billes sont rouges. Combien de billes rouges y a-t-il dans ce sac ?

b) Dans un panier, il y a 8 fruits. Les $\frac{3}{4}$ des fruits sont des pommes. Combien de pommes y a-t-il dans ce panier ?

Le jeu des couleurs

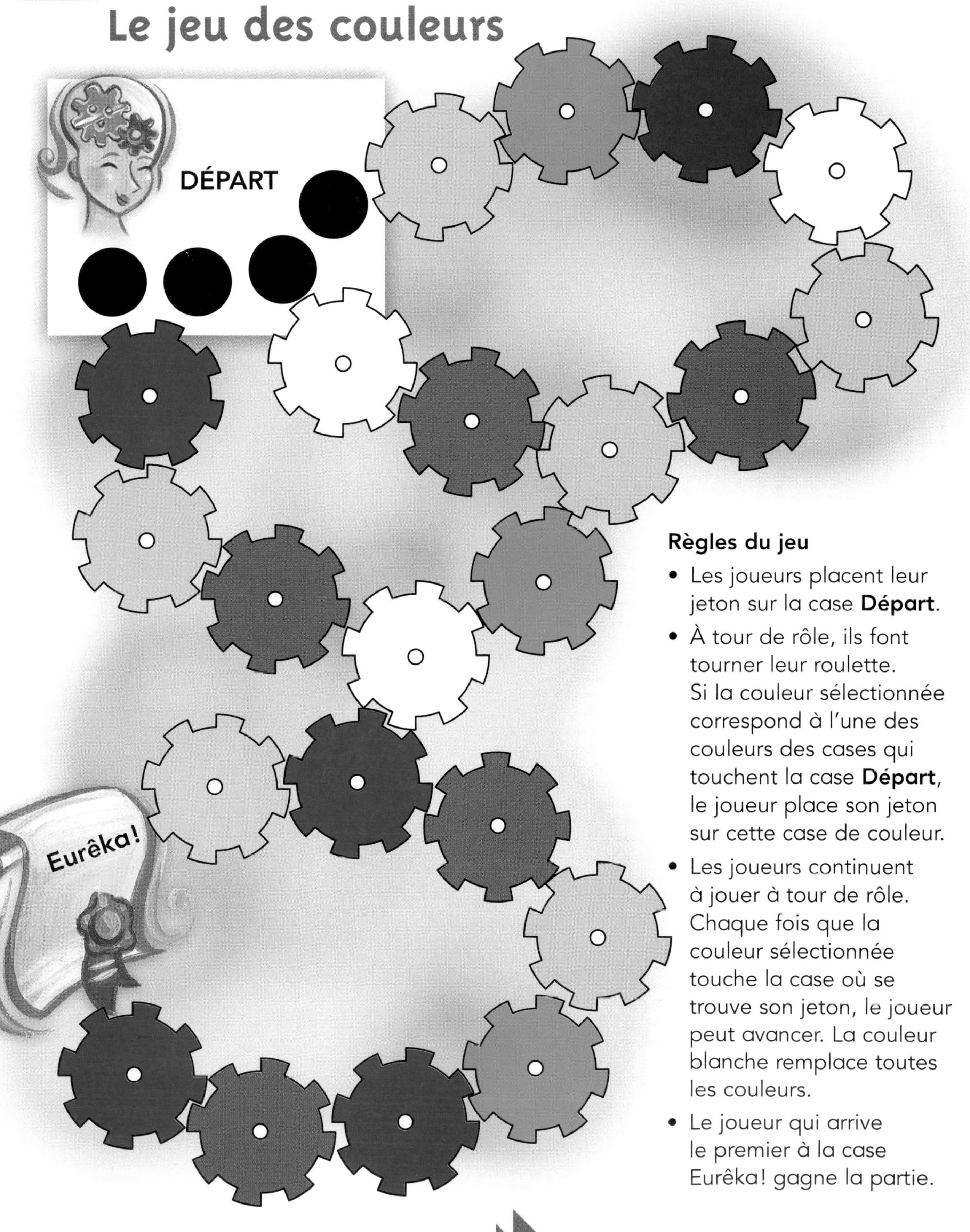

Règles du jeu

- Les joueurs placent leur jeton sur la case **Départ**.
- À tour de rôle, ils font tourner leur roulette. Si la couleur sélectionnée correspond à l'une des couleurs des cases qui touchent la case **Départ**, le joueur place son jeton sur cette case de couleur.
- Les joueurs continuent à jouer à tour de rôle. Chaque fois que la couleur sélectionnée touche la case où se trouve son jeton, le joueur peut avancer. La couleur blanche remplace toutes les couleurs.
- Le joueur qui arrive le premier à la case Eurêka! gagne la partie.

Pêle-mêle

Des constructions mystérieuses

Au milieu de l'océan Pacifique se trouve une petite île de forme triangulaire, l'île de Pâques. Près de 300 immenses statues de pierre se trouvent sur cette île. Elles mesurent de 4 à 10 mètres de hauteur. Elles ont été sculptées à même la lave refroidie de volcans. Certaines statues sont coiffées d'un curieux chapeau de forme cylindrique. On les aurait érigées en l'honneur des dieux et des ancêtres des habitants de l'île.

Les plus anciennes statues de l'île de Pâques ont probablement été construites entre les années 500 et 800.

La construction du site de Stonehenge a commencé il y a environ 4000 ans et s'est étendue sur 400 ans.

Le site de Stonehenge, en Grande-Bretagne, est composé de près de 200 grandes pierres. La plupart de ces pierres sont disposées en cercle et en forme de fer à cheval. D'autres sont agencées en forme de table gigantesque; ce sont des dolmens. Ce site avait une fonction religieuse et servait aussi à l'observation des astres.

La pyramide de Khéops, en Égypte, est la plus grande pyramide du monde. Elle est haute de 130 mètres et large de 227 mètres. Cette pyramide est composée de 2 à 3 millions de blocs de pierre. Elle a servi de tombeau au pharaon Khéops qui l'avait fait construire à cette fin.

La pyramide de Khéops a été construite vers l'an 2560 av. J.-C. Sa construction aurait pris environ 20 ans.

1 Les peuples qui ont construit ces monuments n'avaient pas de camions ni de grues. Selon toi, quels moyens ont-ils utilisés pour déplacer et soulever ces grosses pierres?

2 Comment t'y prendrais-tu pour soulever des objets très lourds le plus facilement possible?

Le travail

Pour réaliser des tâches qu'ils ne peuvent faire eux-mêmes, les humains ont inventé des machines. Certaines sont simples, comme les leviers, les plans inclinés et les poulies. D'autres, comme les grues, sont complexes.

Les machines simples et complexes sont des dispositifs qui aident à effectuer un travail. En science, il est question de **travail** lorsqu'il y a déplacement d'un objet.

Pièce à pièce

En équilibre

Le levier est l'une des machines simples les plus répandues. Il permet de soulever, de lancer ou d'écraser un objet en fournissant peu d'effort.

La bascule est un exemple de levier. Elle est constituée d'une barre rigide qui pivote sur un point fixe appelé « point d'appui ».

Dans le feu de l'action

Deux personnes qui n'ont pas la même masse s'assoient chacune sur un côté d'une bascule. Que se passera-t-il si elles s'installent toutes les deux à la même distance du point d'appui ? Pour maintenir l'équilibre, la personne la plus lourde devrait-elle se rapprocher ou s'éloigner du point d'appui ?

Fais l'activité suivante. Elle t'aidera à répondre à ces questions.

1° Dépose une règle sur une des faces d'un crayon à mine. La règle doit être en équilibre et pouvoir se balancer librement.

2° Dépose 1 cube (1 cm d'arête) sur la règle, vis-à-vis un nombre à gauche du point d'appui.

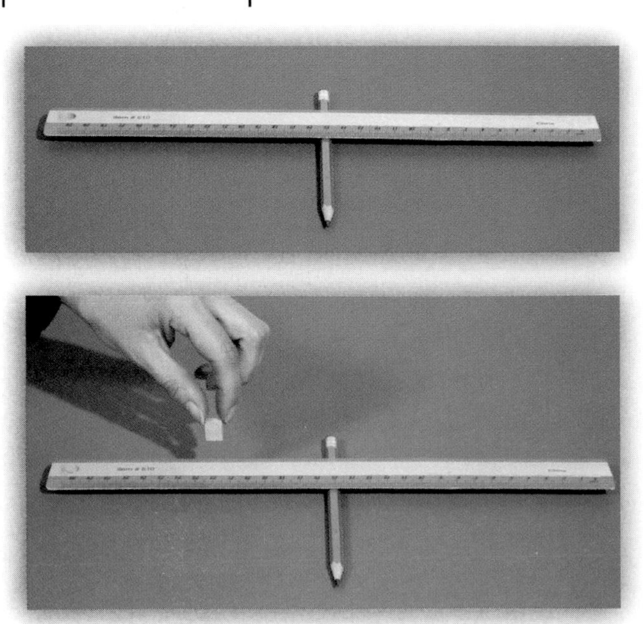

3° Dépose 1 autre cube vis-à-vis un nombre, à droite du point d'appui, pour remettre la règle en équilibre. Observe la distance de chaque cube par rapport au point d'appui. Note cette distance.

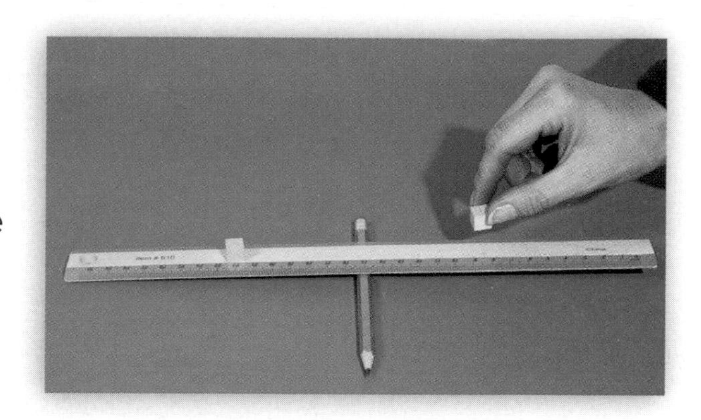

4° Refais l'activité. Cette fois-ci, dépose **2** cubes sur la règle, un par-dessus l'autre, vis-à-vis un nombre à gauche du point d'appui. Trouve vis-à-vis quel nombre, à droite du point d'appui, tu dois déposer **1** seul cube pour que la règle soit en équilibre.

5° Poursuis ton exploration avec différentes combinaisons de cubes. Place les cubes sur la règle, à différentes distances du point d'appui.

Réponds maintenant aux questions posées à la page 58, au début de la rubrique.

Clin d'Œil

Les humains de la préhistoire ont été les premiers à utiliser les leviers. À l'aide de branches d'arbres, ils déplaçaient de grosses roches à l'entrée de leur caverne.

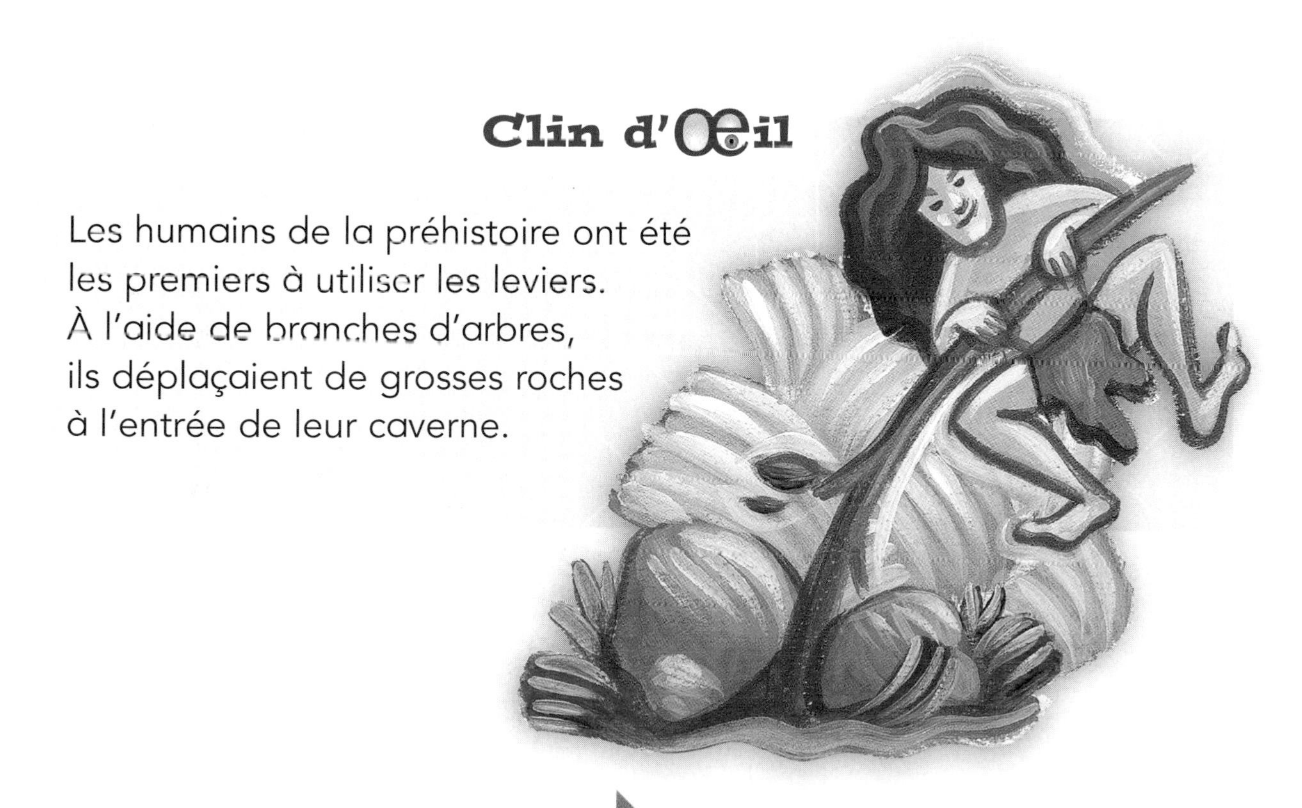

1 Maïe a remplacé la règle et le crayon par une balance mathématique. Elle a placé 3 plaques sur le nombre 6. Elle a ensuite trouvé plusieurs façons d'équilibrer sa balance. Voici les égalités correspondantes.

3 x 6 = 2 x 9
3 x 6 = 9 x 2 (9 plaques sur le nombre 2)
3 x 6 = 6 x 3 (6 plaques sur le nombre 3)
3 x 6 = 3 x 6 (3 plaques sur le nombre 6)

Comme Maïe, trouve une façon d'équilibrer chaque balance.
Écris l'égalité correspondante.

a)

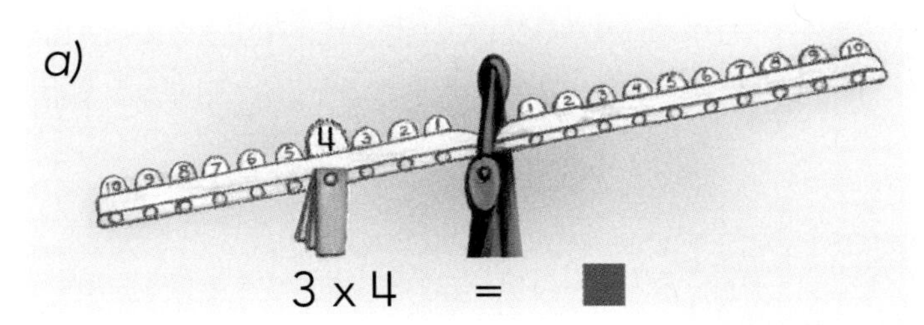

3 x 4 = ■

b)

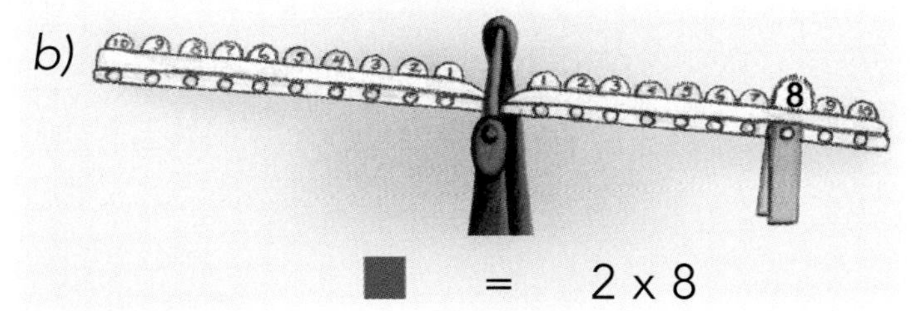

■ = 2 x 8

c)

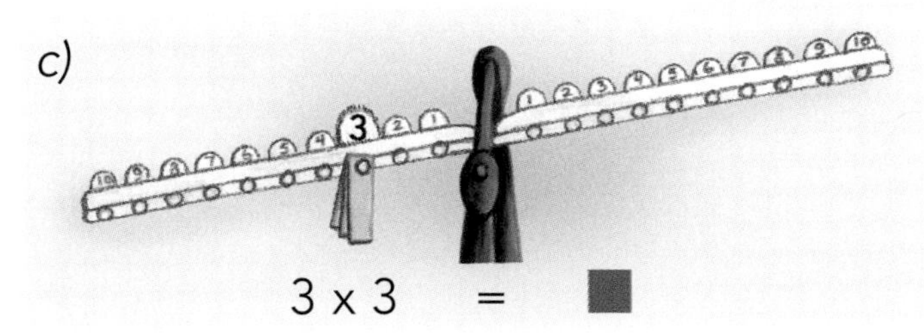

3 x 3 = ■

2 Dans chaque cas,

- propose 2 façons différentes d'équilibrer la balance ;
- écris les égalités correspondantes.

Il y a : *a)* 5 plaques sur le nombre 4 ; *b)* 8 plaques sur le nombre 5 ; *c)* 6 plaques sur le nombre 6 ; *d)* 4 plaques sur le nombre 6.

Dans le feu de l'action

L'activité suivante te permettra de comprendre le principe du levier.

1° Dépose une règle de bois sur une gomme à effacer. La gomme à effacer servira de point d'appui et la règle, de levier. Glisse une des extrémités de la règle sous un dictionnaire.

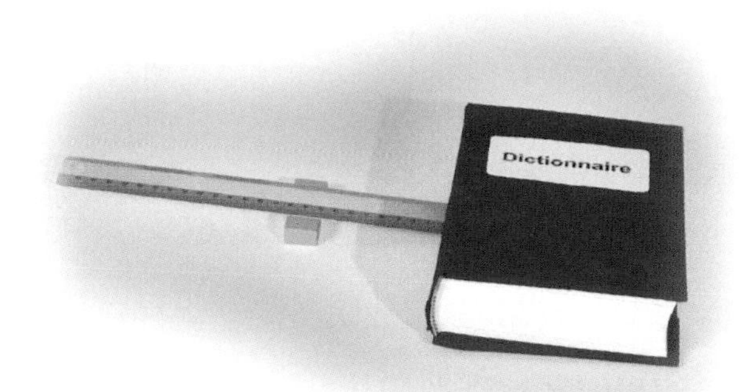

2° Avec ta main, exerce une pression sur la règle, à différents endroits, afin de soulever le dictionnaire. Que remarques-tu ? Est-il plus facile de soulever le dictionnaire lorsque tu exerces une pression près du point d'appui ou loin du point d'appui ?

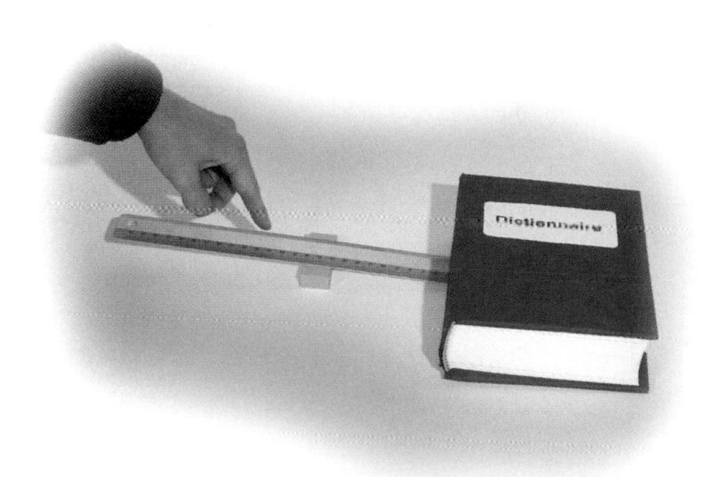

3° Refais l'expérience à quelques reprises. Chaque fois, éloigne un peu plus la gomme à effacer du dictionnaire. Tu dois soulever le dictionnaire en exerçant une pression à l'extrémité de la règle. Que remarques-tu ? Est-il plus facile de soulever le dictionnaire lorsque le point d'appui est près du dictionnaire ou loin de celui-ci ?

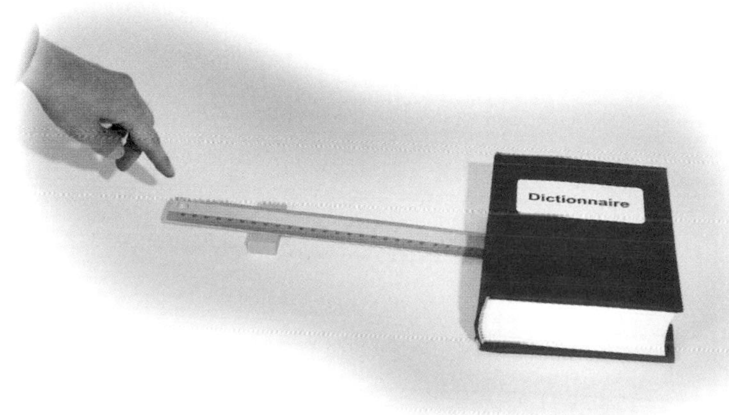

Sur la pente

Le plan incliné est une autre machine simple très répandue. Il existe de nombreuses situations de la vie courante où l'on utilise une pente ou une rampe pour déplacer des objets lourds.

Dans le feu de l'action

Imagine que tu dois monter une montagne à bicyclette et que tu peux emprunter 3 chemins différents :

- une côte courte dont la pente est très raide ;
- une côte plus longue dont la pente est moyennement inclinée ;
- une côte très longue dont la pente est douce.

Quelle côte choisirais-tu ? Quels avantages et quels inconvénients y aurait-il à monter chacune de ces côtes ?

Fais l'activité suivante. Elle t'aidera à répondre à ces questions.

1° Attache une ficelle aux roues avant d'un camion-jouet. Attache un élastique à la ficelle. Mesure la longueur de l'élastique non étiré. Note ta mesure.

2° Imagine que le camion-jouet doit monter une côte courte dont la pente est très raide. En tenant l'élastique par une extrémité, soulève verticalement le camion-jouet jusqu'à la hauteur du siège d'une chaise. Demande à une autre personne de mesurer l'élastique. Note la mesure obtenue.

3° Imagine maintenant que le camion doit monter une côte plus longue dont la pente est moyennement inclinée. Appuie une planche de bois sur le siège de la chaise pour former la côte. Fais rouler le camion-jouet sur le plan incliné. Demande à une autre personne de mesurer l'élastique. Note la mesure obtenue.

4° Imagine enfin que le camion doit monter une côte très longue dont la pente est douce. Utilise une planche de bois plus longue pour former la côte. Fais ensuite rouler le camion-jouet sur le plan incliné. Demande à une autre personne de mesurer l'élastique. Note la mesure obtenue.

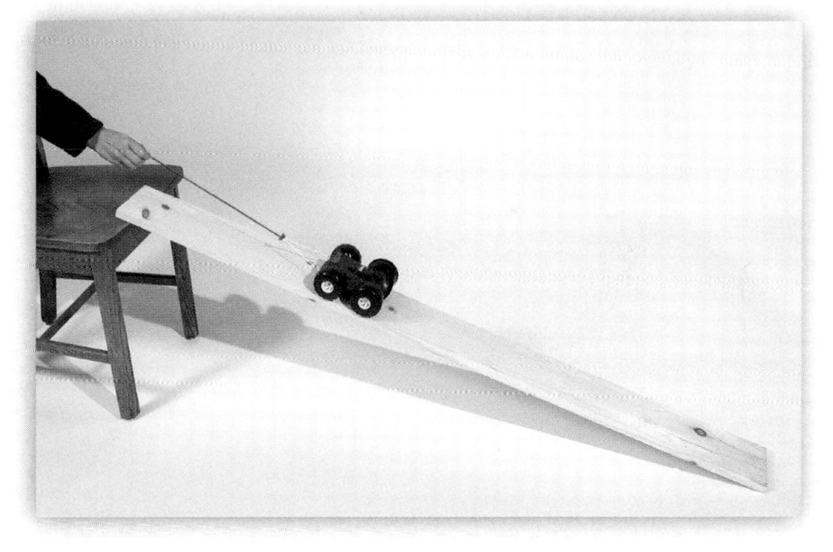

Que peux-tu conclure de tes observations et des mesures que tu as prises? Sers-toi de ce que tu viens d'apprendre pour répondre aux questions de la page 62, au début de la rubrique.

Comme sur des roulettes

Une poulie, c'est une roue qui tourne sur un axe et sur laquelle une corde est enroulée. Comme le levier et le plan incliné, la poulie est une machine simple qui permet de soulever des poids lourds sans trop d'effort.

Dans le feu de l'action

Voici différentes activités qui te permettront de mieux comprendre le fonctionnement de la poulie. Tu auras besoin, entre autres, d'une poulie et de 2 crochets, comme ceux de la photo ci-contre:

La poulie fixe

1° Place un bâton de hockey sur le dossier de 2 chaises de même hauteur. Le crochet vissé sur le bâton doit être dirigé vers le bas.

2° Attache un bout de corde tout autour d'un dictionnaire. Dépose le dictionnaire par terre, entre les chaises.

3° Suspends la poulie au bâton en insérant l'anneau dans le crochet. Tu as ainsi une poulie fixe.

4° Attache l'extrémité d'une longue corde à la corde qui fait le tour du dictionnaire. Enroule l'autre extrémité de la corde dans la poulie.

5° Soulève le dictionnaire à l'aide de la poulie. Que remarques-tu? Quels sont les avantages d'utiliser une poulie fixe?

La poulie mobile

1° Place un bâton de hockey sur le dossier de 2 chaises de même hauteur. Attache solidement l'extrémité d'une longue corde au milieu du bâton.

2° Enroule l'autre extrémité de la corde dans une poulie. Veille à ce que l'anneau de la poulie pointe vers le bas. Tu as ainsi une poulie mobile.

3° Suspends le dictionnaire déjà enroulé avec la corde à l'anneau de la poulie. Utilise un crochet en forme de « s ».

4° Soulève le dictionnaire à l'aide de la poulie. Que remarques-tu ? Quels sont les avantages d'utiliser une poulie mobile ?

Lorsqu'on utilise plusieurs poulies, on diminue la force nécessaire pour tirer une charge. Par contre, il faut tirer la corde sur une plus grande distance et plus longtemps.

Plus il y a de poulies, plus l'effort est réduit.

Un simple défi

Dans chaque cas, indique quelle machine simple tu utiliserais : le levier, le plan incliné ou la poulie. Explique ta réponse.

a) Vincent et Jade veulent construire une cabane dans un arbre. Ils cherchent un moyen efficace pour monter leurs matériaux de construction dans le haut de l'arbre.

b) Magali et Antoine font un énorme bonhomme de neige. Il leur reste à déposer la dernière boule sur les 2 autres. Ils se demandent comment ils pourraient la soulever.

c) Maxime et Frédéric sont à la recherche d'insectes. Ils aimeraient bien soulever la grosse pierre pour voir ce qui se cache dessous, mais elle est beaucoup trop lourde.

Dans ma tête

À l'aide de la grille, réponds aux questions qu'on te posera.

	D	C	B	A
1	44 dizaines, 1 centaine et 7 unités	45 dizaines et 7 unités	4 centaines et 77 unités	13 unités et 5 centaines
2	23 dizaines, 2 centaines et 2 unités	200 + 200 + 20 + 20 + 20 + 17	400 + 50 + 7	3 centaines et 131 unités
3	4 centaines, 3 dizaines et 1 unité	500 + 13	14 dizaines et 13 unités	40 dizaines et 7 unités
4	200 + 200 + 2 + 2 + 2 + 1	4 centaines et 7 unités	51 dizaines et 3 unités	300 + 131
5	40 dizaines et 57 unités	507 unités et 4 dizaines	4 centaines, 14 dizaines et 7 unités	7 unités et 47 dizaines

Série 1

- Pour chaque nombre, trouve 2 cases qui présentent une équivalence. Indique les coordonnées de ces cases.

  a) 477 *b)* 457 *c)* 547

- Dans chaque cas, indique le nombre qui correspond à la coordonnée.

  a) A4 *b)* B3 *c)* D4

Série 2

- Pour chaque nombre, trouve 2 cases qui présentent une équivalence. Indique les coordonnées de ces cases.

  a) 513 *b)* 431 *c)* 407

- Dans chaque cas, indique le nombre qui correspond à la coordonnée.

  a) C2 *b)* D2 *c)* B5

Du bout des doigts

1 Voici des opérations.

- Indique quelle opération donnera, selon toi :
  - le plus grand résultat ;
  - le plus petit résultat ;
- Indique, selon toi, entre quels nombres le résultat sera compris :
  - entre 50 et 100 ;
  - entre 100 et 300 ;
  - entre 300 et 500 ;
  - entre 500 et 1000 ;
  - entre 1000 et 2000 ;
  - entre 2000 et 3000 ;

- Vérifie tes approximations.

Opérations

a) 2354 – 534 = ■ *b)* 1123 + 987 = ■ *c)* 955 – 234 = ■

d) 468 + 512 = ■ *e)* 690 + 1250 = ■ *f)* 2438 – 367 = ■

g) 754 – 684 = ■ *h)* 159 + 328 = ■ *i)* 3450 – 3333 = ■

j) 4550 – 4499 = ■ *k)* 56 + 134 = ■ *l)* 225 + 199 = ■

2 Voici des multiplications.

- Indique quelle multiplication donnera, selon toi :
  - le plus grand résultat ;
  - le plus petit résultat ;
- Indique, selon toi, entre quels nombres le résultat sera compris ;
  - entre 50 et 100 ;
  - entre 100 et 300 ;
  - entre 300 et 500 ;
  - entre 500 et 1000 ;
  - entre 1000 et 2000 ;
  - entre 2000 et 3000 ;

- Vérifie tes approximations.

Opérations

a) 35 x 3 = ■ *b)* 555 x 2 = ■

c) 416 x 4 = ■ *d)* 40 x 8 = ■

e) 249 x 3 = ■ *f)* 111 x 6 = ■

g) 76 x 5 = ■ *h)* 2545 x 1 = ■

i) 381 x 7 = ■ *j)* 12 x 7 = ■

k) 80 x 3 = ■ *l)* 26 x 2 = ■

Au fil du temps

1 Indique si l'énoncé encadré est vrai ou faux.

a) William entre à l'épicerie à 9 h 15. Il prend trois quarts d'heure pour faire ses achats.

William est sorti de l'épicerie à 10 h 30.

b) Joëlle commence ses devoirs à 15 h. Elle termine à 15 h 45.

Joëlle a pris trois quarts d'heure pour cette tâche.

c) La librairie ferme à 18 h 30. Maya arrive trois quarts d'heure avant la fermeture.

Maya est arrivée à 17 h 45.

d) L'autobus scolaire est parti à 7 h 40. Le voyage a duré quatre heures et quart.

L'autobus est arrivé à 10 h 55.

e) Jamila veut enregistrer une émission qui dure deux heures et demie.

Jamila aura besoin d'une cassette de 120 minutes.

2 Associe une horloge à l'heure d'arrivée de chaque enfant.

Ⓐ 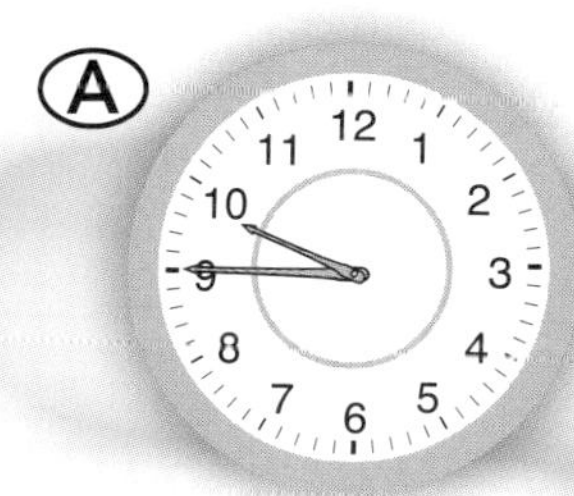
Ⓑ 
Ⓒ 
Ⓓ 

- Tatiana arrive la première au parc.
- Gustavo arrive trois quarts d'heure après Tatiana.
- Adam est arrivé une demi-heure plus tard que Gustavo.
- Mishi est arrivée un quart d'heure avant Adam.

Des machines à calculer

À partir du 17e siècle, on a commencé à construire des machines pour mécaniser le calcul. Parmi elles, on trouve la pascaline, inventée par Blaise Pascal.

La machine à calculer de Pascal.

C'est la première machine qui a réellement fonctionné pour effectuer des additions et des soustractions.

Un odomètre.

Comment cette machine pouvait-elle calculer? La pascaline était munie d'une série de roues dentées qu'on faisait tourner. Ces roues étaient numérotées de 0 à 9. Lorsqu'une roue faisait un tour complet, un mécanisme entraînait la roue suivante qui avançait d'un cran, donc d'un chiffre. L'odomètre et d'autres types de compteurs fonctionnent selon un principe semblable.

Dans chaque cas, effectue ce qui est demandé à l'aide de ta machine à calculer et d'un abaque.

a) Ajoute 6 unités à:
- 78
- 59
- 96

b) Enlève 4 unités à:
- 63
- 32
- 101

c) Ajoute 13 unités à:
- 59
- 86
- 47

d) Enlève 18 unités à:
- 34
- 65
- 42

Un mathématicien célèbre : Blaise Pascal

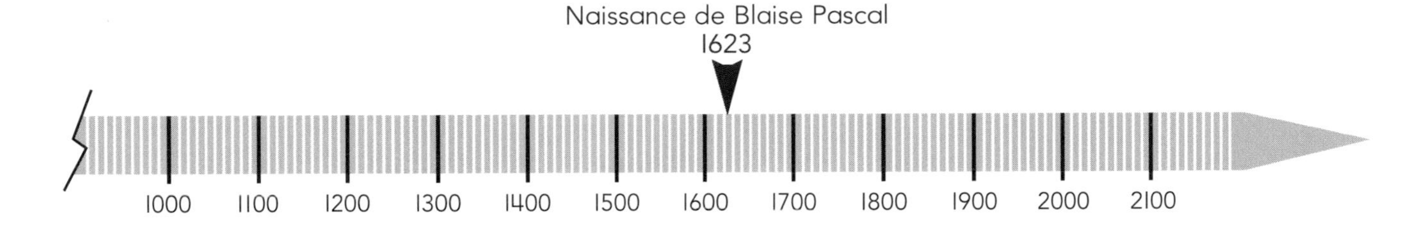

Blaise Pascal fut mathématicien, physicien et philosophe. Il est né en France en 1623. Il perd sa mère à l'âge de 3 ans. Son père, juriste et mathématicien, se charge alors de son éducation.

Dès 1635, le jeune Blaise fait la rencontre de mathématiciens réputés. Cette même année, il entreprend seul l'étude de la géométrie malgré l'interdiction de son père.

En 1642, le jeune homme met au point une machine à calculer (additionner et soustraire) pour aider son père dans son travail. Vers 1650, il rédige une étude sur le triangle mathématique. En 1654, il correspond avec le mathématicien Pierre de Fermat. Ensemble, ils travaillent à résoudre des problèmes liés à des jeux de dés et de hasard.

De 1646 à 1654, Blaise Pascal fait aussi des expériences scientifiques qui traceront la voie à la science expérimentale moderne. Son nom fut donné à une unité de mesure de la pression, le pascal. En informatique, un langage de programmation porte aussi son nom, le langage pascal.

À la fin de sa vie, le mathématicien travaille à la création d'une ligne de carrosses payants. C'est un des premiers systèmes de transport en commun en France.

Blaise Pascal meurt en 1662. Malgré sa santé fragile, il a contribué de diverses façons à l'avancement des sciences et des mathématiques au 17e siècle.

1 Observe les nombres dans le triangle de Pascal, appelé aussi « triangle mathématique ». Que remarques-tu ? Utilise la fiche qu'on te remettra.

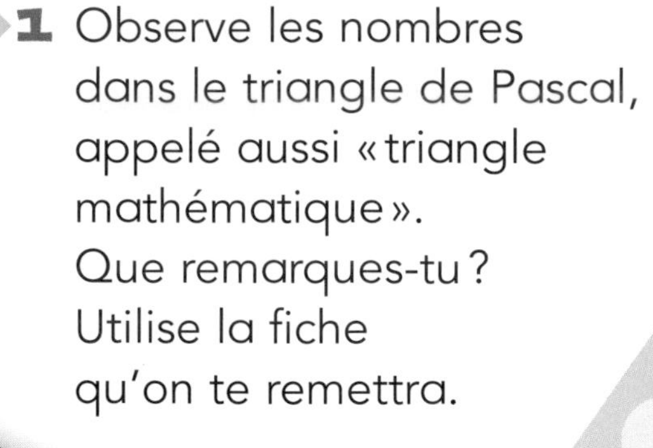

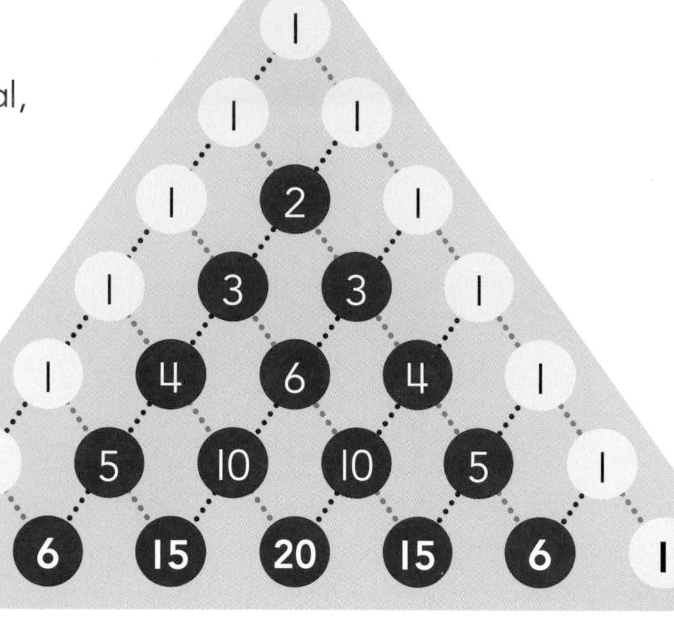

2 Dans le triangle de Pascal, les nombres en rouge d'une rangée sont obtenus à partir des nombres de la rangée précédente.

- Explique verbalement de quelle façon on les obtient.
- Donne 2 exemples par écrit.

3 Observe les suites de nombres reliés par des pointillés bleus, puis les suites de nombres reliés par des pointillés verts. Que remarques-tu ? Explique-le verbalement.

4 Additionne tous les nombres d'une même rangée en commençant par le haut du triangle. Place les nombres obtenus en ordre croissant. Quelle est la règle de la suite que tu obtiens ?

5 Observe la suite de nombres carrés obtenus à partir de points.

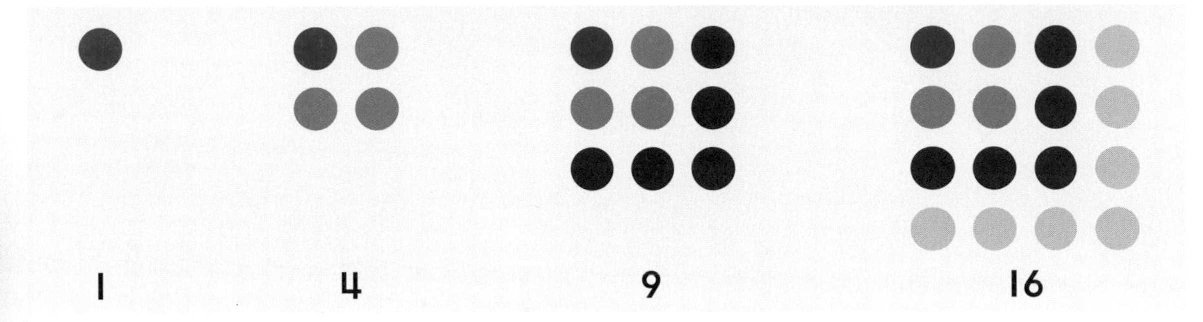

a) Explique verbalement la règle de cette suite.

b) Trouve les 4 prochains termes de cette suite.
Représente-les par des points.

6 Observe la suite de nombres triangulaires obtenus à partir de points.

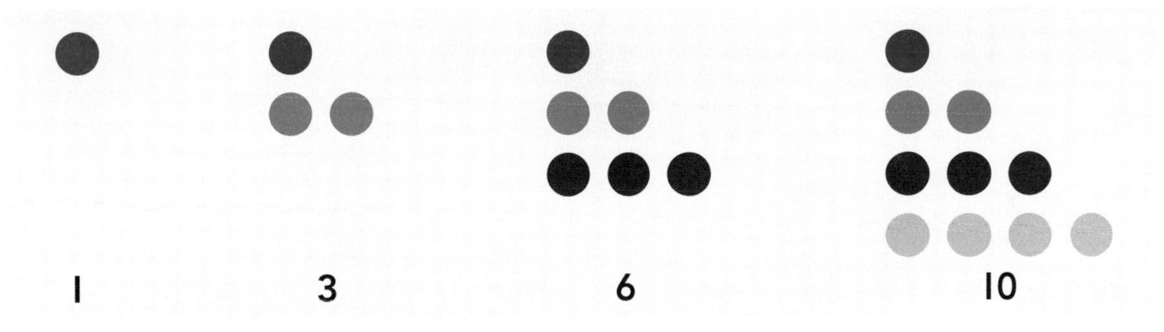

a) Où se trouve cette suite de nombres dans le triangle de Pascal ?

b) Explique verbalement la règle de cette suite.

c) Trouve les 4 prochains termes de cette suite.
Représente-les par des points.

Les arts visuels

«L'essentiel pour moi est de pouvoir dire
ce que je veux, de pouvoir raconter mon rêve.»
WASSILY KANDINSKY

Les artistes composent avec
les lignes, les courbes, les formes.
Ils jonglent avec la lumière, les angles,
la perspective et les couleurs. En fait,
ils utilisent la mathématique, la science
et la technologie pour nous faire voir
le monde à leur manière.

Les arts visuels se sont enrichis de nouvelles
disciplines à travers les âges et ont pris diverses
formes. Ils ont aussi plusieurs fonctions : divertir,
informer, témoigner, faire rêver et réfléchir.
Toutes les créations en arts visuels élargissent
notre vision du monde.

Tangram t'invite à découvrir la présence
de la mathématique dans les arts visuels.
Prends le temps d'admirer les œuvres présentées
avec tes yeux et ton cœur, en laissant aller
ton imagination !

Sur les bancs d'école

Chers parents,

Le quatrième thème abordé dans *Tangram* est «Les arts visuels». Votre enfant y découvrira de quelle façon la mathématique est présente dans une peinture et comment il peut s'en servir pour la décrire. Nous l'amènerons à faire des liens entre la science et la technologie et les arts visuels en lui faisant comprendre comment la lumière et les couleurs interviennent dans la réalisation d'une œuvre.

C'est par le biais d'œuvres contemporaines que votre enfant abordera ce thème. Nous croyons qu'il pourra ainsi enrichir son imaginaire et développer sa sensibilité à l'art ainsi que son potentiel créateur. Il aura lui-même à produire une œuvre dans laquelle il exprimera sa perception de l'amitié. Dans le volet science et technologie, votre enfant aura l'occasion d'explorer différentes facettes des couleurs. Vous pouvez l'aider en lui offrant la possibilité d'observer des œuvres (musées, livres, etc.) et en l'invitant à exprimer ce qu'il en saisit et de quelle façon il les décrirait à l'aide du langage mathématique.

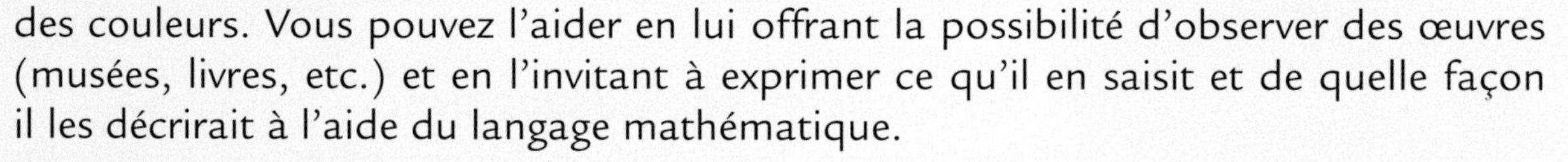

Dans ce thème, votre enfant poursuivra son apprentissage des nombres naturels tout en améliorant ses techniques de calcul (addition et soustraction). Il aura également l'occasion d'explorer les notions de réflexion et de représentation de solides en deux dimensions ainsi que d'utiliser la fraction pour exprimer des proportions du corps humain.

Votre enfant commencera son apprentissage des nombres décimaux comportant une virgule. Ces nombres seront utilisés dans des contextes qui rappellent des situations de la vie courante. Nous l'amènerons à améliorer ses techniques personnelles de calcul en le faisant multiplier et diviser des nombres à trois chiffres par des nombres à un chiffre à l'aide de différents matériels de manipulation.

Enfin, votre enfant explorera pour la première fois la notion de volume. Pour ce faire, il sera amené à trouver des façons de comparer le volume de différents solides (en reproduisant ces derniers à l'aide de solides plus petits ou en les immergeant et en tenant compte de la variation du niveau de l'eau).

Plusieurs termes sont définis dans la section «Mot à mot» à la fin du manuel. Ils peuvent vous servir à aider votre enfant dans sa compréhension de certaines consignes.

Les auteurs de la collection *Tangram*

Pour rêver un peu...

Parmi les œuvres présentées aux pages 77 à 79, choisis celle qui t'inspire le plus.

a) Explique ce que tu vois dans cette œuvre.

b) Exprime les émotions qu'elle suscite en toi.

c) Trouve-lui des qualificatifs : est-elle fantaisiste, réaliste, joyeuse, calme, dramatique, etc. ?

d) Décris cette œuvre avec des termes mathématiques.

Wassily Kandinsky, *Jaune, rouge et bleu* (1925)
Huile sur toile (127 cm sur 200 cm)
Centre Georges-Pompidou, Paris, France

Wassily Kandinsky est né en 1866. Il a commencé à peindre à l'âge de 30 ans. En 1910, il a réalisé sa première peinture abstraite. Kandinsky était également un musicien. Il disait qu'il entendait de la musique lorsqu'il voyait des couleurs.

Henri Matisse,
La famille du peintre (1911)
Huile sur toile
(143 cm sur 194 cm)
Musée de l'Ermitage,
Saint-Pétersbourg, Russie

Le musée Matisse, situé en France, regroupe de nombreuses œuvres du peintre : 68 peintures et gouaches découpées, 218 gravures, 57 sculptures, 236 dessins et 14 livres illustrés. Des sérigraphies, des tapisseries, des céramiques, des vitraux et d'autres objets ayant appartenu à Matisse complètent la collection.

Judy Byford, *Les jardiniers* (1995)
Pastel (55 cm sur 37 cm)
The Grand Design, Leeds,
Angleterre

Judy Byford a peint ce tableau pour ses parents. Cette jeune artiste a déjà enseigné le dessin et a participé à plusieurs expositions. Elle a une carrière très active. Elle illustre principalement des revues, des livres, des affiches publicitaires et des cartes de souhaits.

Claudine Hébert peint avec la poésie de l'enfance et la fantaisie du rêve. Son art est spontané et intuitif. Elle adore les petits animaux et prend beaucoup de plaisir à les peindre.

Claudine Hébert, *Lion dans la forêt vierge* (2000)
Huile sur toile (91 cm sur 122 cm)
Galerie Jeannine Blais, North Hatley, Québec

Pierre Raza, *Notre arbre* (1998),
Huile et alkyde sur masonite (25 cm sur 33 cm)
Collection privée, Montréal, Québec

Cette œuvre est la 134e toile de Pierre Raza. L'artiste ajoute divers matériaux à certaines de ses toiles pour leur donner du relief. Il utilise par exemple du bois, de la vitre, du papier ou de la tôle, selon le sujet traité.

Dans le miroir

Manon a réalisé cette œuvre avec des papiers gouachés qu'elle a collés sur un carton.

Déplace un miroir sur la reproduction de façon à faire apparaître les images ci-dessous. Laquelle de ces images ne peut pas être obtenue en déplaçant le miroir?

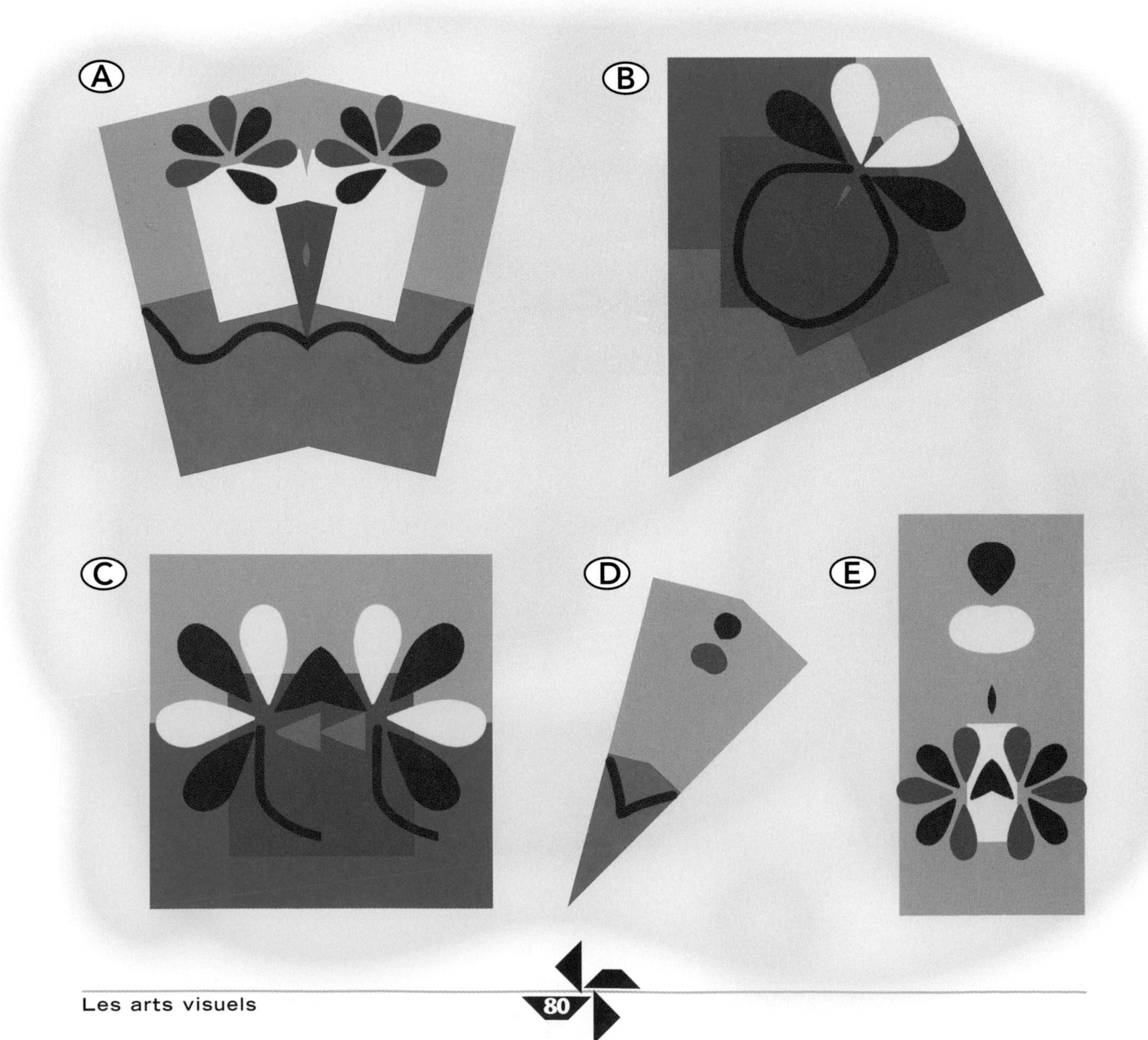

Taches, papier, ciseaux

En 1972, Alan Fletcher fonde une maison de publicité avec des amis. Cette maison crée des campagnes publicitaires à l'échelle internationale. En 2001, l'artiste publie un livre de dessins qui est une véritable œuvre d'art.

1 Observe cette œuvre faite avec des encres de couleurs. Selon toi, comment l'artiste l'a-t-il réalisée ?

Alan Fletcher, *Sans titre* (1991)
Encres et papier
Collection privée, Angleterre

2 Réponds d'abord aux questions verbalement. Vérifie ensuite tes hypothèses.

Joël a plié une feuille de papier carrée en 2 parties égales. Il en a ensuite coupé un morceau.

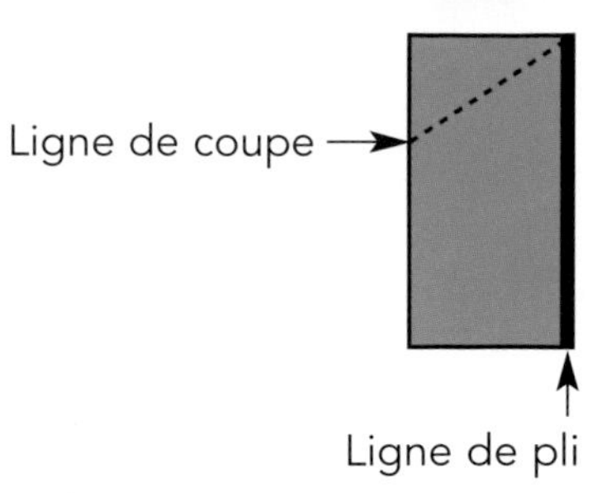

a) Quelle forme la feuille aura-t-elle une fois dépliée? Vérifie ta réponse à l'aide d'une feuille carrée.

Ⓐ 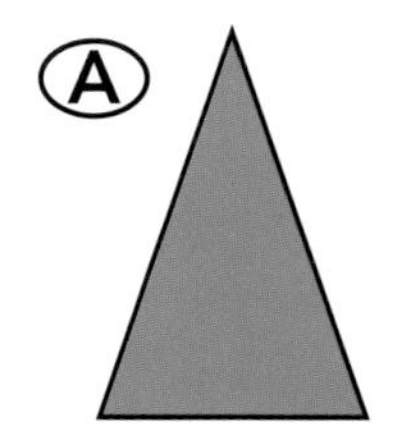

Ⓑ 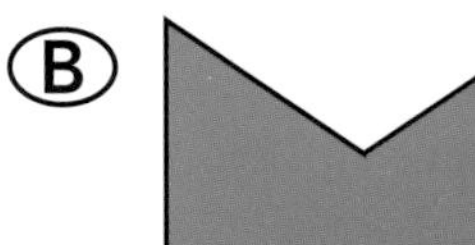

Ⓒ 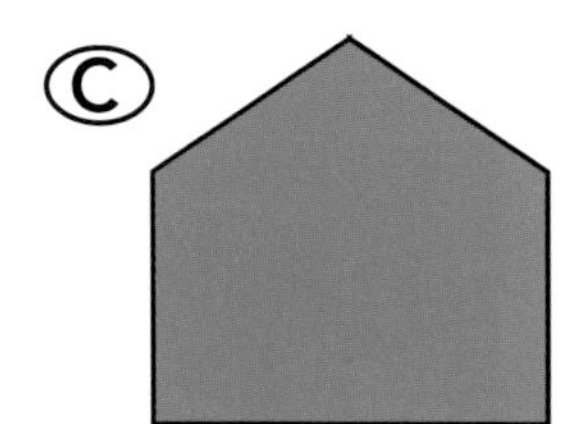

Ⓓ 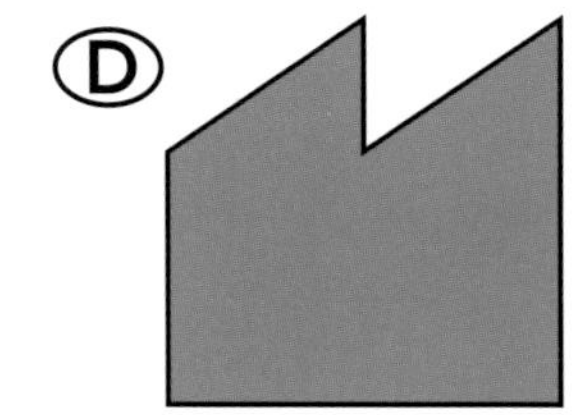

b) Trouve, pour les 3 autres formes, à quoi ressemblait la feuille avant d'être dépliée. Vérifie tes réponses à l'aide de feuilles carrées.

Clin d'Œil

Au 15e siècle, on écrivait avec des plumes et de l'encre. Cela présentait un inconvénient pour les gauchers, car leur main repassait sur l'encre fraîchement déposée. Léonard de Vinci, qui était gaucher, a eu l'idée d'écrire à l'envers, c'est-à-dire de droite à gauche. C'est en plaçant la feuille face à un miroir que son écriture devenait lisible.

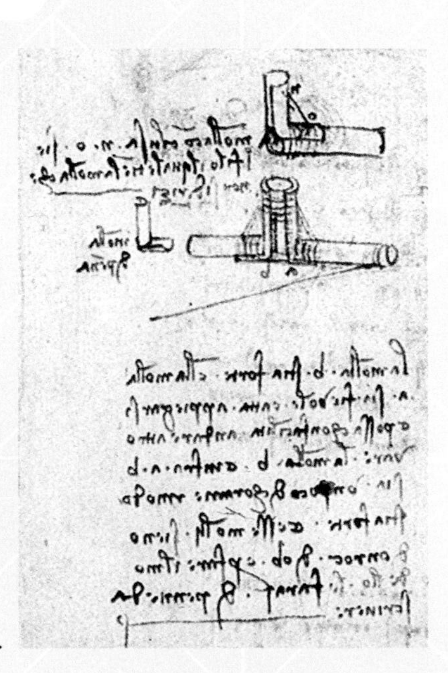

Texte écrit de droite à gauche par Léonard de Vinci.

3 Écris de courtes phrases à la manière de Léonard de Vinci. Fais lire tes phrases aux autres élèves de la classe.

Les couleurs en vedette

Voici le résultat d'une enquête effectuée dans une classe de 24 élèves.

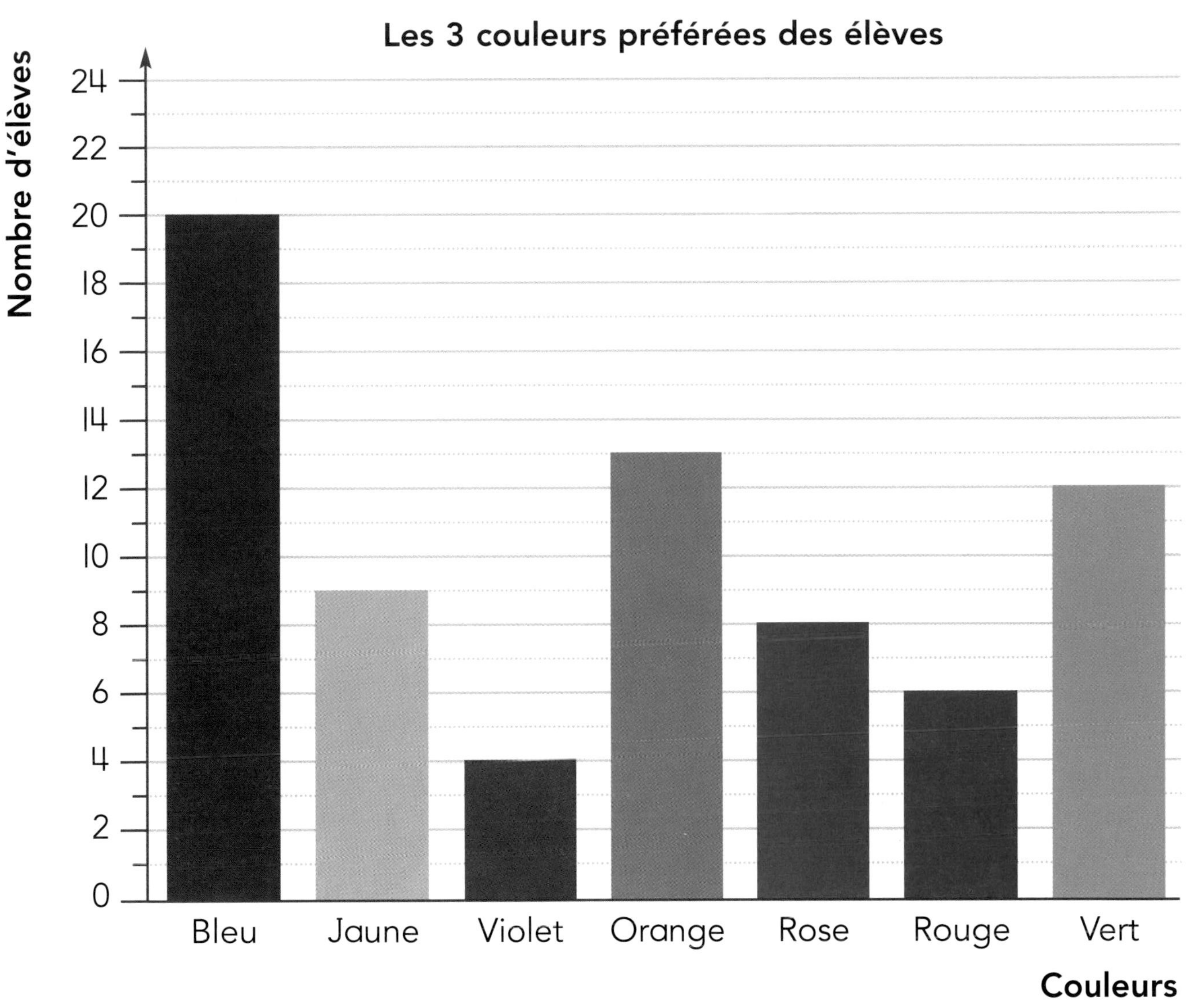

Indique si les énoncés sont vrais ou faux.
Explique tes réponses verbalement.

a) On a relevé 72 données pour construire ce diagramme à bandes.

b) Dans la classe, $\frac{1}{4}$ des élèves a choisi la couleur rouge.

c) Parmi les élèves, $\frac{1}{2}$ n'a pas choisi la couleur verte.

d) S'il y avait 2 élèves de plus à la bande jaune, on pourrait dire que $\frac{1}{2}$ des élèves a choisi la couleur jaune.

e) Les $\frac{3}{4}$ des élèves ont choisi la couleur bleue.

Pêle-mêle

Des vacances en images

Observe les 4 illustrations des pages 84 à 86. Chaque artiste a illustré ce que les vacances représentent à ses yeux.

a) Indique par un titre ce que chacun a représenté.

b) Décris chaque illustration à l'aide du langage mathématique.

Ton projet

Tu illustreras ce que représente un bon ami pour toi.
Ton œuvre devra contenir au moins:
- l'image d'une figure obtenue par réflexion ou une figure symétrique;
- un prisme dont on voit plusieurs faces.

Tu présenteras ensuite ton œuvre aux autres élèves de la classe en utilisant un langage mathématique.

Mais avant de te mettre au travail, tu devras:

- réfléchir à ce qu'est un bon ami pour toi;
- apprendre à dessiner des prismes;
- tracer des figures par réflexion;
- établir des comparaisons de longueurs entre différentes parties du corps;
- déterminer où tu placeras ton œuvre dans l'école pour que le plus d'élèves possible la voient.

Le corps humain

1 Dans chaque cas, choisis la fraction appropriée.
Note ta réponse.
Compare ensuite tes résultats avec ceux d'un ou d'une camarade.

a) Quelle fraction la longueur de ta main représente-t-elle environ par rapport à ton bras ?

b) Quelle fraction la longueur de ta tête représente-t-elle environ par rapport à ta taille ?

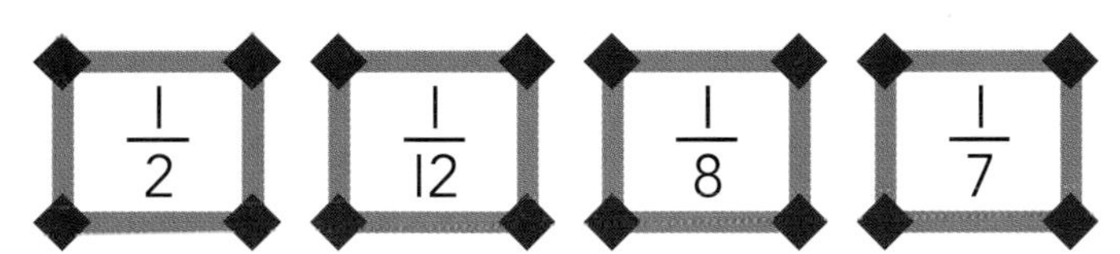

Quelques artistes ont déterminé les proportions idéales pour dessiner le corps humain.
Léonard de Vinci a présenté le corps d'un homme dans un carré.
Les bras de l'homme rejoignent les côtés opposés du carré. Sa tête et ses pieds touchent les 2 autres côtés opposés du carré.

2 Détermine dans quelle figure ta silhouette s'inscrit quand tu as les bras écartés. Se rapproche-t-elle du carré ou du rectangle ?

3 Observe ce que Corinne a trouvé dans une encyclopédie sur le corps humain.

Taille approximative d'un bébé de 2 mois : 60 cm

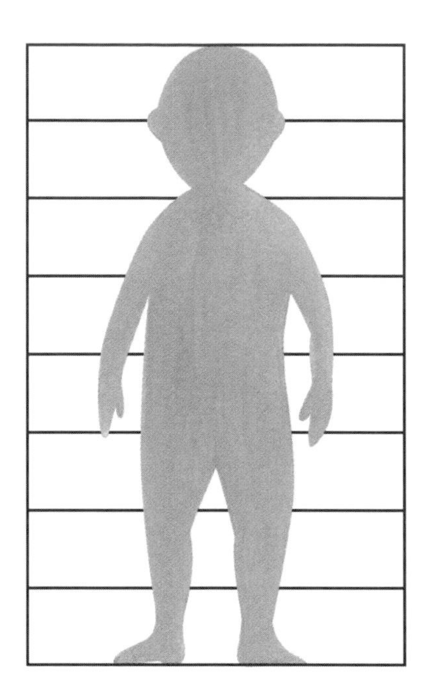

Taille approximative d'un enfant de 8 ans : 130 cm

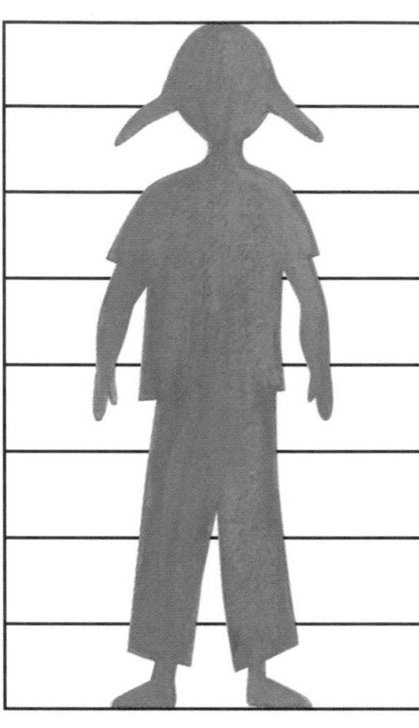

Taille approximative d'un adulte de 20 ans : 170 cm

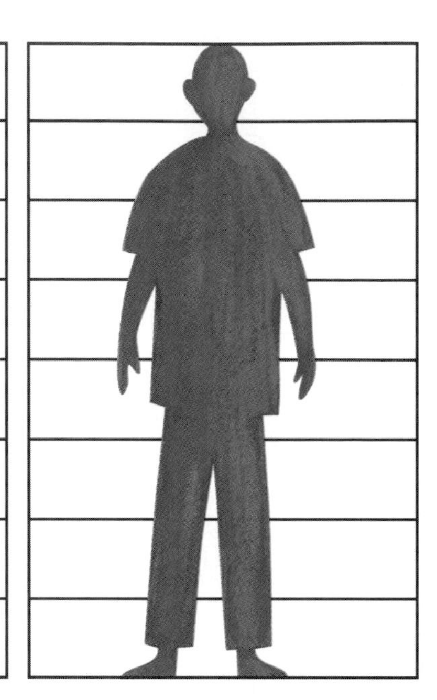

Utilise des réglettes pour répondre aux questions suivantes. Explique tes réponses.

a) Quelle fraction la longueur de la tête du bébé représente-t-elle par rapport à sa taille ?

b) Quelle fraction la longueur de la tête de l'adulte représente-t-elle par rapport à sa taille ?

c) Quelle fraction la longueur de la tête de l'enfant représente-t-elle environ par rapport à sa taille ?

4 On a dessiné un visage sur une grille dont la hauteur a été partagée en onzièmes. Par exemple, les cheveux sont dessinés de $\frac{0}{11}$ à $\frac{4}{11}$ du visage.

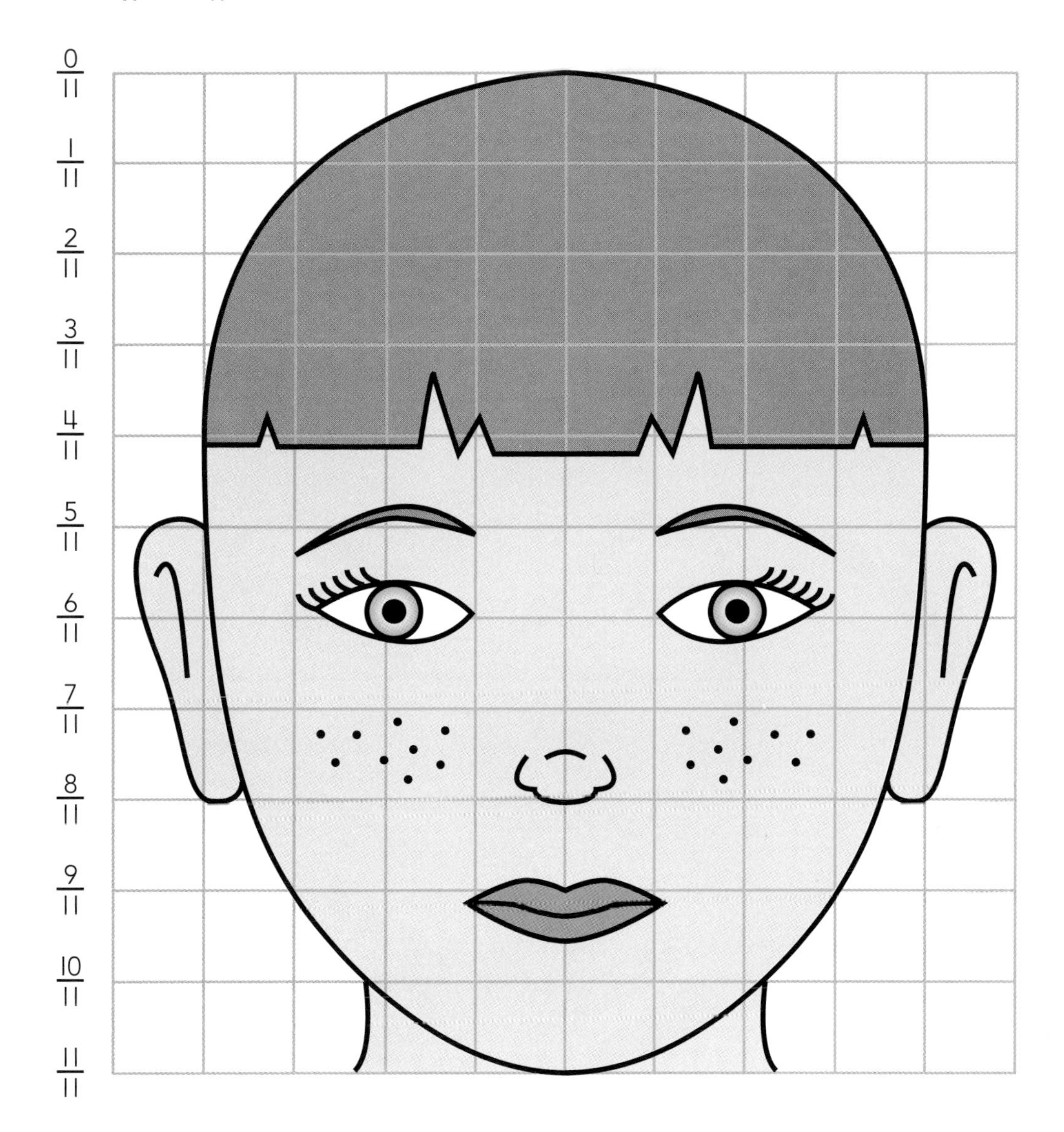

a) Indique par des fractions à quelle hauteur du visage sont dessinés :

- le nez ;
- la bouche ;
- les yeux ;
- les oreilles.

b) Décris ce visage en utilisant des fractions différentes du numéro 4 *a*.

Toutes sortes de réflexions

1 Dans chaque cas, indique quelle figure tu obtiens par réflexion.
L'axe de réflexion est représenté par ———————— .

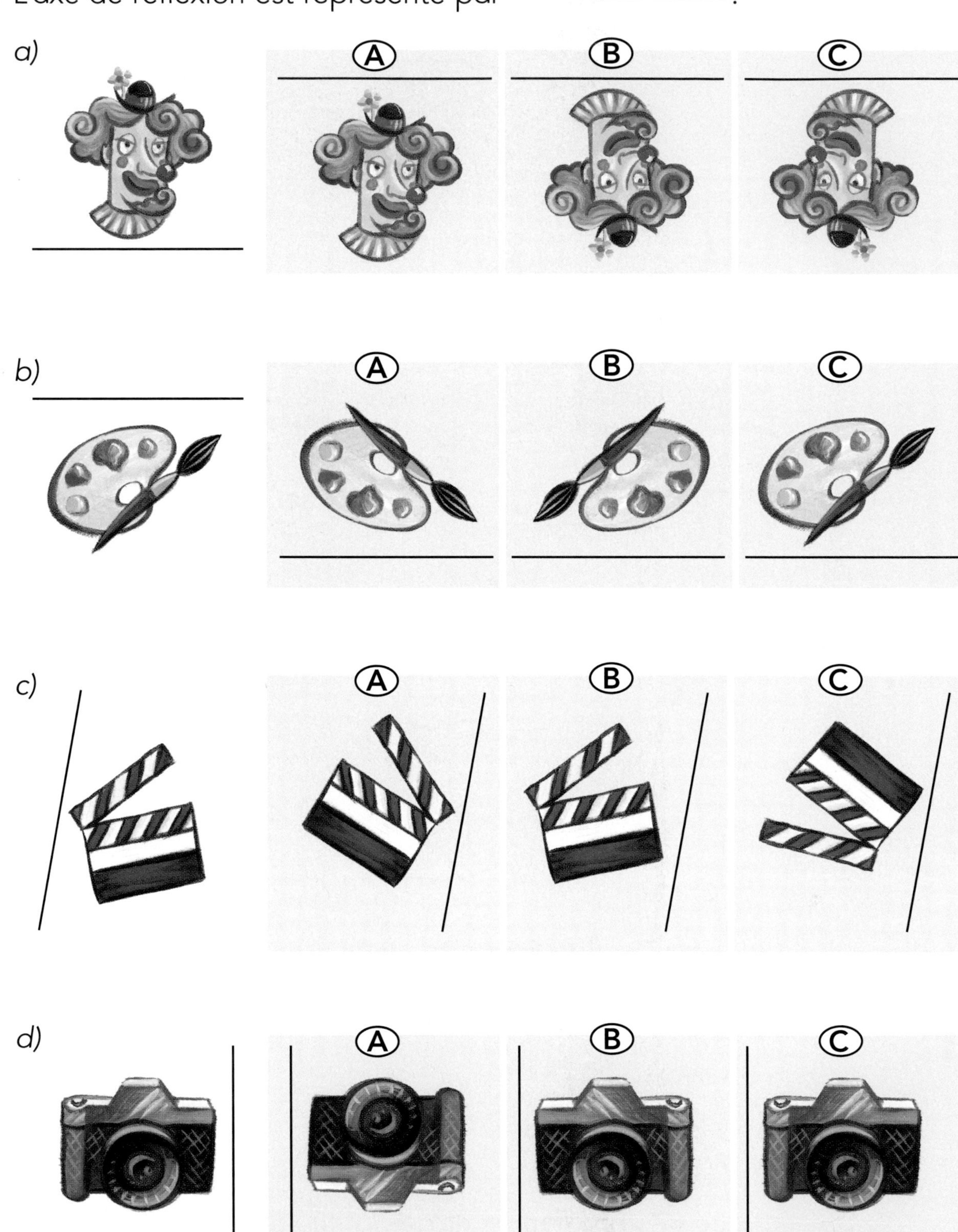

2 Indique quels sont les axes de réflexion sur chaque figure.

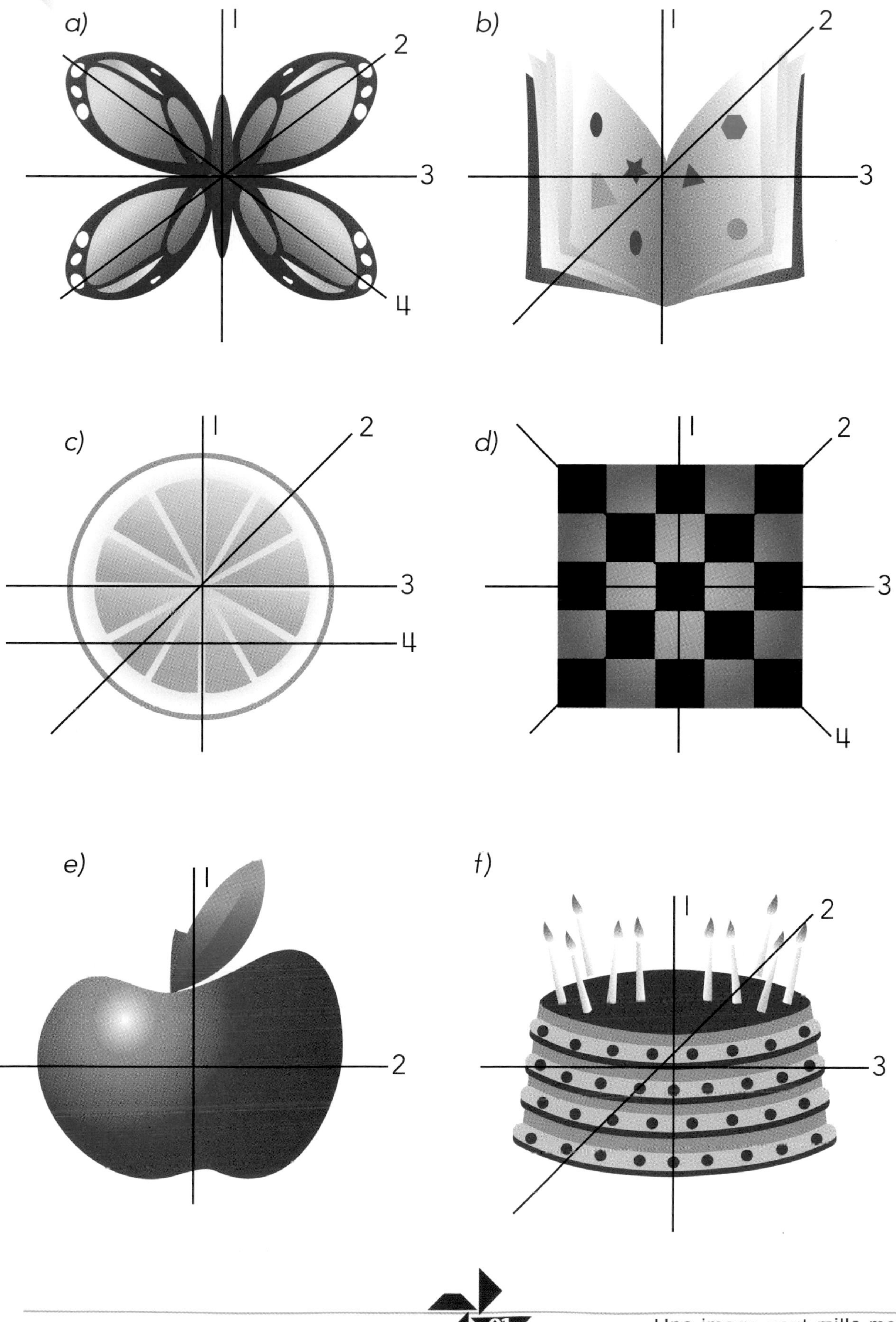

La réflexion

Pour obtenir l'image d'une figure par réflexion, il faut:

- déterminer un axe de réflexion;
- retourner la figure de départ de l'autre côté de l'axe de réflexion. L'image obtenue et la figure de départ doivent se trouver à la même distance de l'axe de réflexion.
  La direction suivie pour retourner la figure de départ doit former un «T» avec l'axe de réflexion.

Exemple:

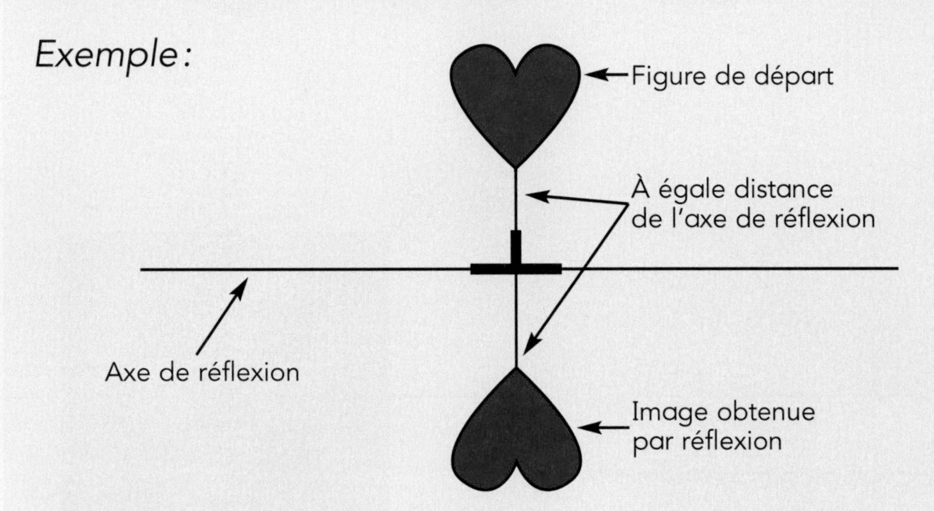

On dit qu'une figure est symétrique si on peut y tracer au moins 1 axe de réflexion. Cet axe doit partager la figure en 2 parties identiques qui peuvent se superposer par pliage.

Exemples:

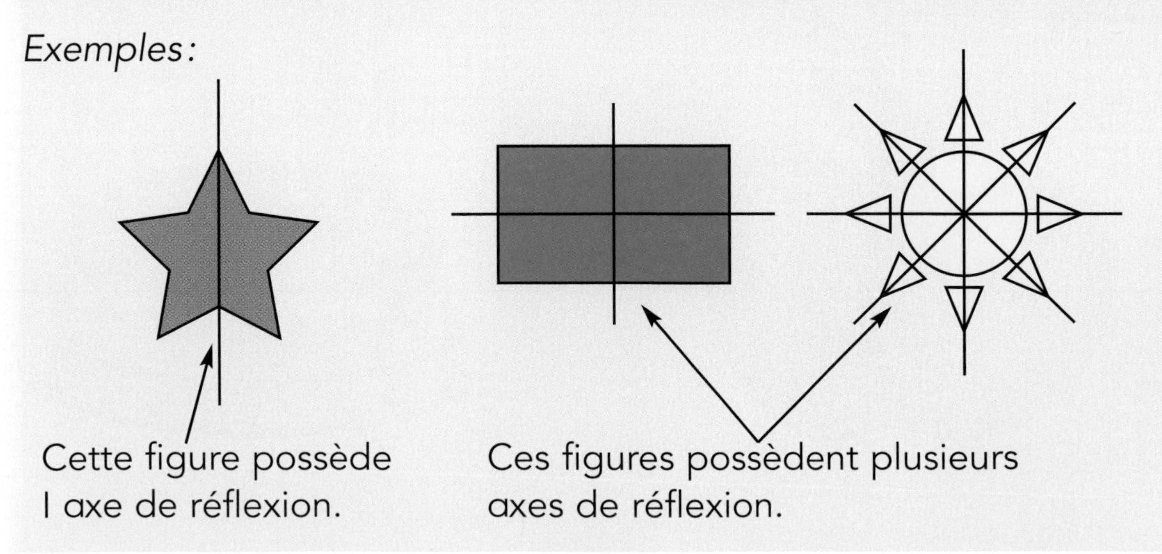

Un point de vue

Le parc du Bois dormant

1 Chaque illustration montre une partie du parc d'un point de vue différent. Indique de quel endroit on peut voir le parc de cette façon.

a)

b)

c)

2 *a)* Reproduis ce solide.
Utilise 5 cubes emboîtables.

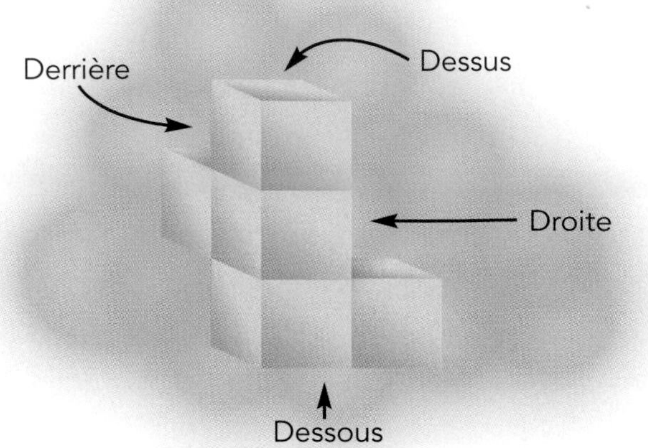

b) Parmi les illustrations suivantes, laquelle représente le solide

• vu du dessus?

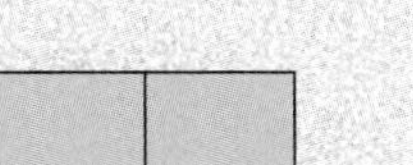

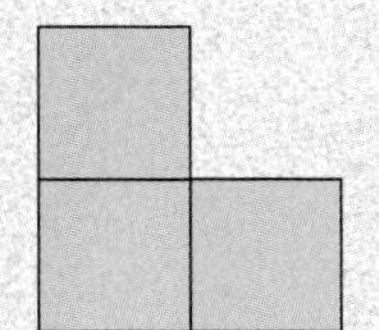

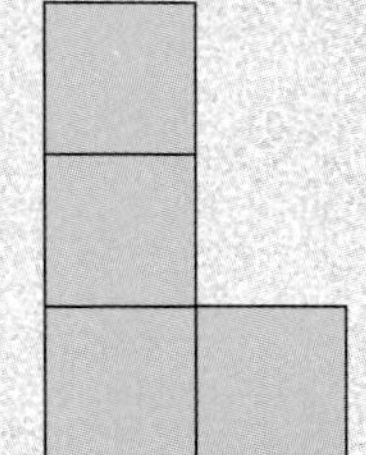

• vu du dessous?

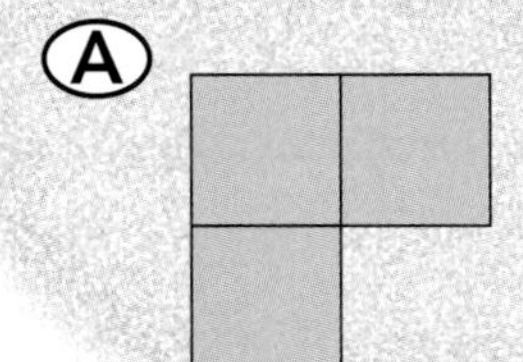

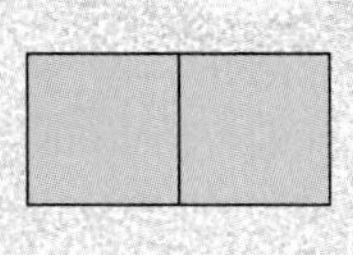
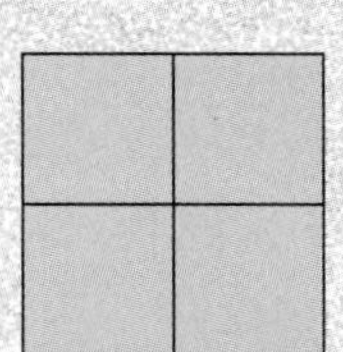

• vu de droite?

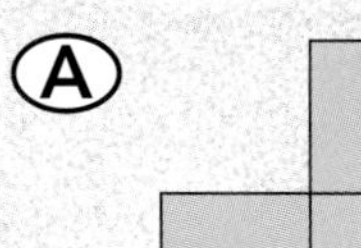
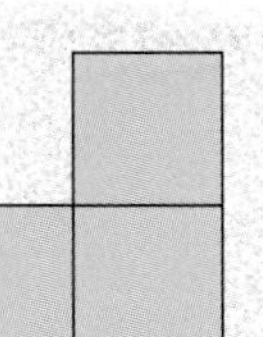

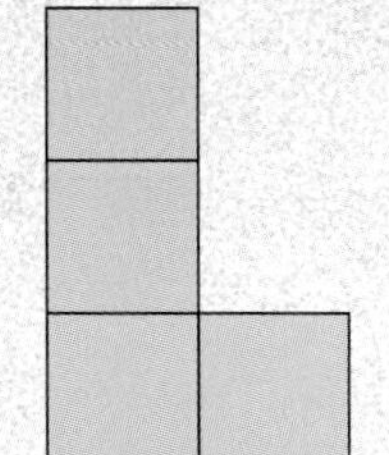
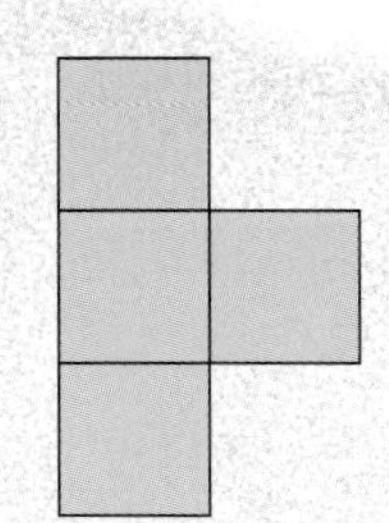

• vu de derrière?

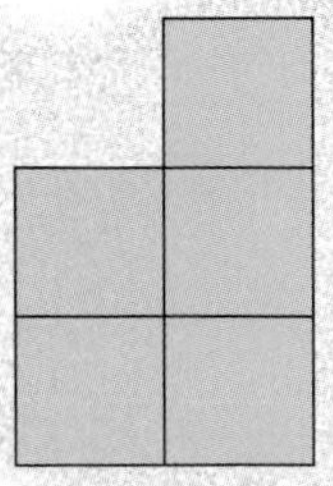

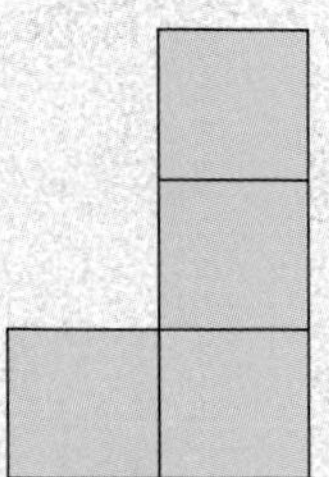
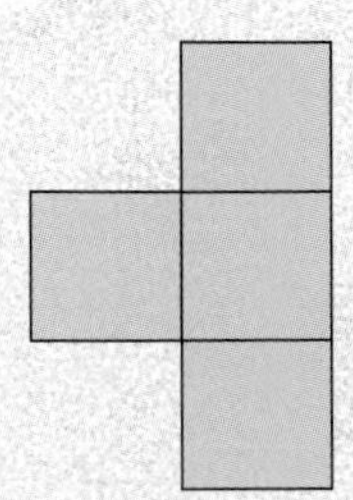

3 Dans chaque cas, indique combien de cubes sont nécessaires pour construire le solide.

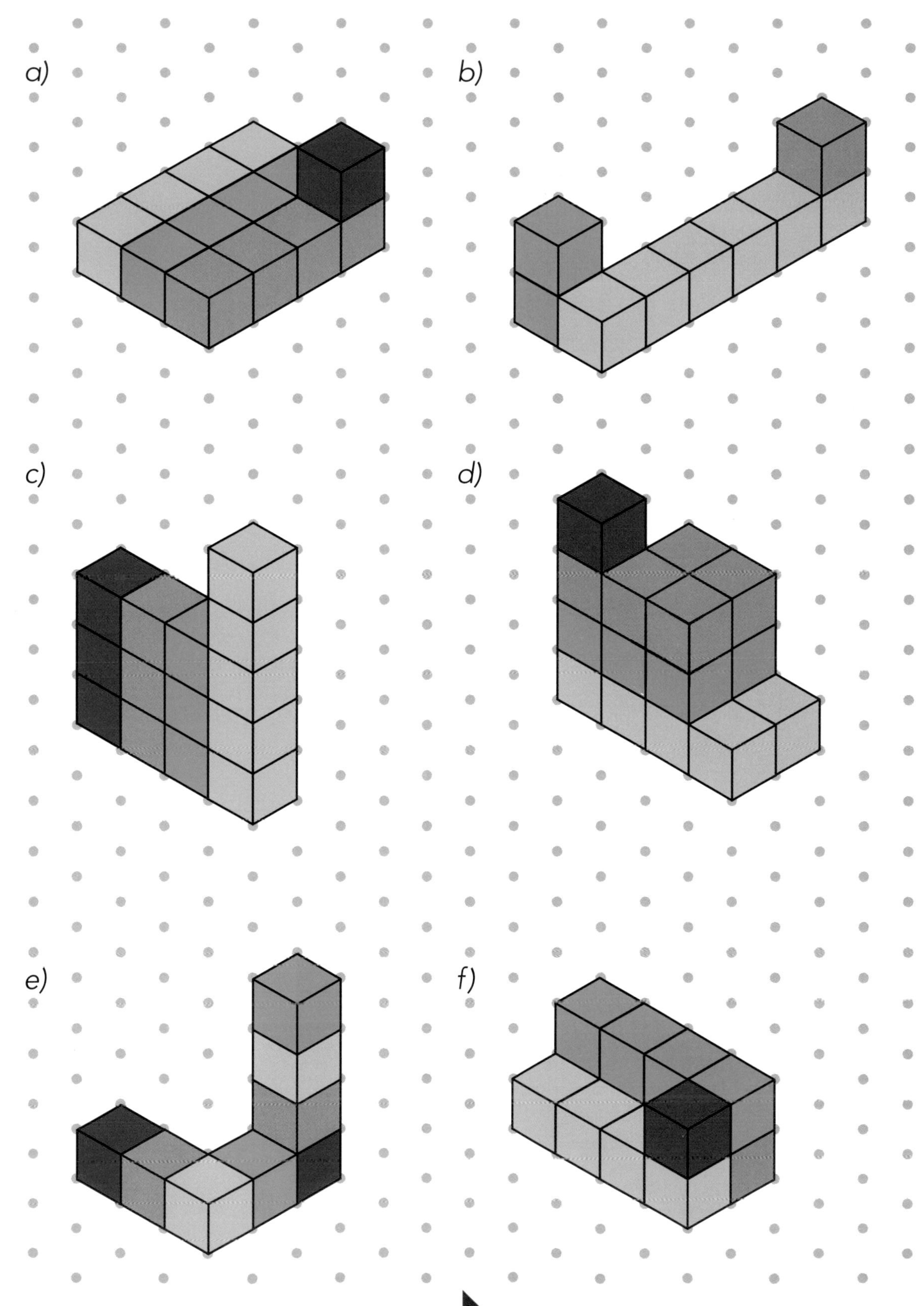

Un endroit stratégique

1 Trouve la solution.
Laisse des traces de tes calculs.
Compare ta façon de faire avec celle d'un ou d'une camarade.

a) Yann colle une affiche dans une station de métro. Samedi, 3456 personnes ont vu son affiche. Dimanche, il y en a eu 7873. Combien de personnes ont vu l'affiche de Yann pendant ces 2 jours?

b) Il en coûte 2554 $ par semaine pour placer une affiche sur un panneau routier. Combien cela coûtera-t-il pour placer une affiche pendant 2 semaines?

2 Étienne additionne de 2 façons différentes.

a) Dans chaque cas, explique comment il procède.

b) Compare ses façons d'additionner avec la tienne. Sont-elles semblables ou différentes? Explique ta réponse.

A

```
   I I
   5 3 7 9
 + 3 7 1 6
 ---------
   9 0 9 5
```

B

```
   5 3 7 9
 + 3 7 1 6
 ---------
   I   I
   8 0 8 5
 ---------
   9 0 9 5
```

3 Effectue chaque addition.
Utilise une des façons présentées au numéro 2.

a) 3465 + 3786 = ■

b) 5098 + 7911 = ■

c) 872 + 6727 = ■

d) 7643 + 1629 = ■

e) 4099 + 9613 = ■

f) 2345 + 6899 = ■

4 Trouve la solution.
Laisse des traces de tes calculs.
Compare ta façon de faire
avec celle d'un ou d'une camarade.

a) Lundi, il y avait 2555 jus à la cafétéria.
Le vendredi suivant, il en restait 409.
Combien de jus ont été vendus?

b) L'artiste veut imprimer 4325 cartes de souhaits.
Hier, il a imprimé 2050 cartes.
Combien de cartes lui reste-t-il à imprimer?

5 Rosalie soustrait de 2 façons différentes.

a) Dans chaque cas,
explique comment elle procède.

b) Compare ses façons de soustraire
avec la tienne. Sont-elles
semblables ou différentes?
Explique ta réponse.

A

```
   7 12 1
  4 8 3 4
- 2 3 3 8
---------
  2 4 9 6
```

B

```
  4 8 3 14
- 2 3 3 8
---------
    4 9
  2 5 0 6
---------
  2 4 9 6
```

6 Effectue chaque soustraction.
Utilise une des façons présentées au numéro 5.

a) 2117 – 1348 = ■ *b)* 5298 – 3911 = ■

c) 8072 – 6727 = ■ *d)* 9001 – 7643 = ■

7 • Indique l'opération qui, selon toi, donnera:
– le plus grand résultat;
– le plus petit résultat.

• Vérifie tes approximations sans utiliser la calculatrice. Laisse des traces de tes calculs.

a) 2353 – 534 = ■ *b)* 1123 + 787 = ■

c) 955 – 939 = ■ *d)* 3468 + 5924 = ■

e) 690 + 1250 = ■ *f)* 2438 – 1367 = ■

g) 4989 + 3114 = ■ *h)* 6109 – 3214 = ■

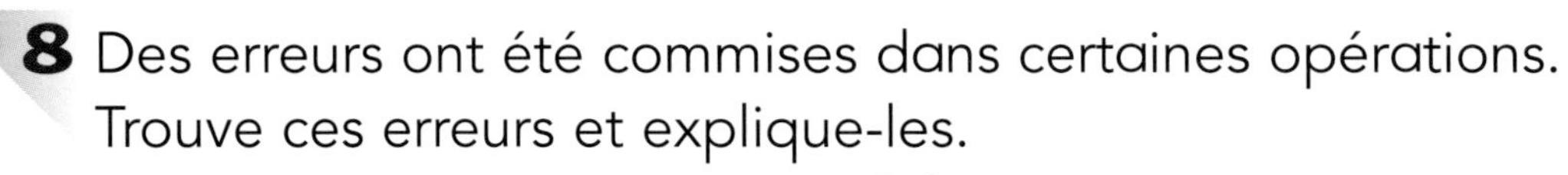

8 Des erreurs ont été commises dans certaines opérations. Trouve ces erreurs et explique-les.

a)
$$\begin{array}{r} 5634 \\ -\ 431 \\ \hline 1324 \end{array}$$

b)
$$\begin{array}{r} {}^{5\,9} \\ \not{6}\,{}^{1}\!\not{0}\,{}^{1}\!0\,2 \\ -\ 4991 \\ \hline 1011 \end{array}$$

c)
$$\begin{array}{r} 3333 \\ +\ 7676 \\ \hline 10909 \end{array}$$

d)
$$\begin{array}{r} {}^{1}\ \ \\ 4359 \\ +\ 9534 \\ \hline 12892 \end{array}$$

e)
$$\begin{array}{r} 4\,2\,{}^{1}\!0\,{}^{1}\!5 \\ -\ 2137 \\ \hline {}^{0\,6}\ \\ 2\,\not{1}\,\not{7}\,8 \\ \hline 2068 \end{array}$$

f)
$$\begin{array}{r} {}^{1\,1}\ \ \ \\ 5359 \\ +\ 2872 \\ \hline 8221 \end{array}$$

g)
$$\begin{array}{r} {}^{2\ \ 12}\ \\ \not{3}\,8\,\not{3}\,{}^{1}\!0 \\ -\ 1774 \\ \hline 1156 \end{array}$$

h)
$$\begin{array}{r} 3368 \\ +\ 4473 \\ \hline {}^{1\,1}\ \\ 7731 \\ \hline 7841 \end{array}$$

Tangram

Un ami en images

Voici l'œuvre que Charles a présentée aux élèves de sa classe.

Lis la description faite par Charles.
Décrirais-tu son dessin de la même façon?
Indique les modifications que tu apporterais à sa description.

J'ai représenté des amis qui jouent ensemble parce que c'est important pour moi de faire des activités avec mes amis. J'ai dessiné 3 faces de l'école à l'aide de rectangles, de triangles et de parallélogrammes. J'ai eu beaucoup de difficulté à dessiner les escaliers. Dans mon dessin, on trouve un élément symétrique. Mon dessin sera vu plus de 1000 fois par les élèves dans une journée parce que je l'ai affiché dans le corridor, près du vestiaire.

Tu dois savoir que:
- 546 élèves fréquentent l'école de Charles.
- tous les élèves passent 6 fois par jour dans le corridor menant au vestiaire.

Pêle-mêle

Des nombres autour de toi

Que peux-tu dire des nombres contenus dans cette page?

Anne-Julie à 2 ans

Masse: 12,68 kg
Taille: 84,7 cm

Des toiles à prix d'or...

Une toile de Pablo Picasso s'est vendue 2,2 millions de dollars la semaine dernière.

À la grande finale de la course cycliste, seulement 0,32 s séparaient les 2 premiers concurrents.

En vedette cette semaine
4 boîtes de jus pour 5 $
ou 1,25 $ la boîte

Grande vente de fin de saison

Des casquettes pour toute la famille!
Seulement **15,99 $**

Un grand choix de tissus!
12,45 $ le mètre
Prix spécial
à l'achat de 3,5 m
ou plus de tissu

De plus en plus petits

1 Observe les nombres décimaux du tableau et réponds aux questions.

	Unité de mille	Centaine	Dizaine	Unité		Dixième	Centième	Millième
Ⓐ	1	0	0	0				
Ⓑ		1	0	0				
Ⓒ			1	0				
Ⓓ				1				
Ⓔ				0	,	1		
Ⓕ				0	,	0	1	
Ⓖ				0	,	0	0	1

Que peux-tu dire :

- du nombre A si tu le compares au nombre C ?
- du nombre B si tu le compares au nombre D ?
- du nombre D si tu le compares au nombre A ?
- du nombre D si tu le compares au nombre E ?
- du nombre F si tu le compares au nombre E ?
- du nombre F si tu le compares au nombre D ?

2 Lis les nombres E, F et G à un ou une autre élève.

3 Écris les fractions qui correspondent aux nombres E, F et G.

Des grilles

1 Justifie l'affirmation suivante : Si la grille représente l'entier de référence, la représentation suivante correspond à 2,35 grilles.

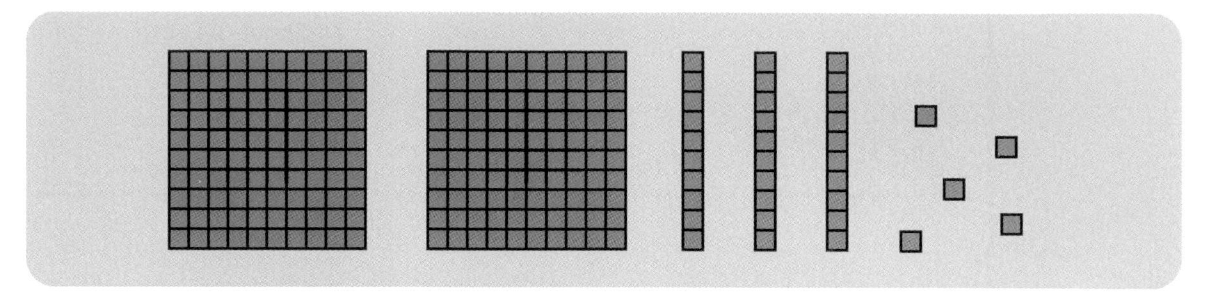

2 Indique à quel nombre de grilles chaque représentation correspond.

a)

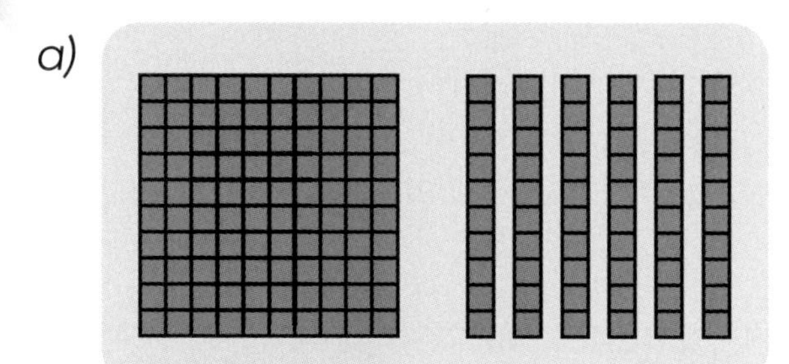

b)

c)

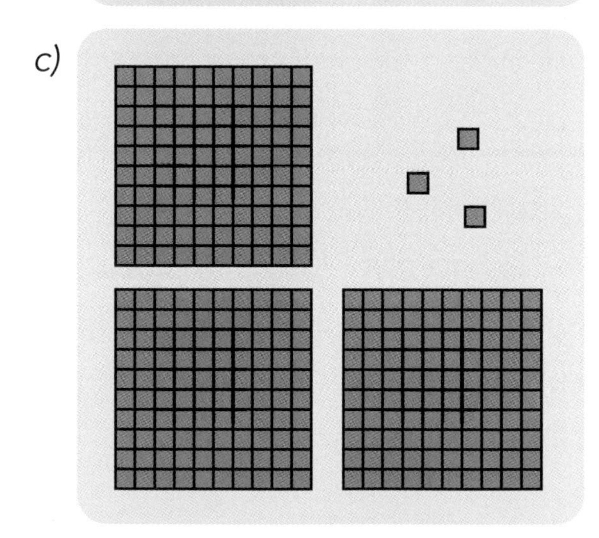

d)

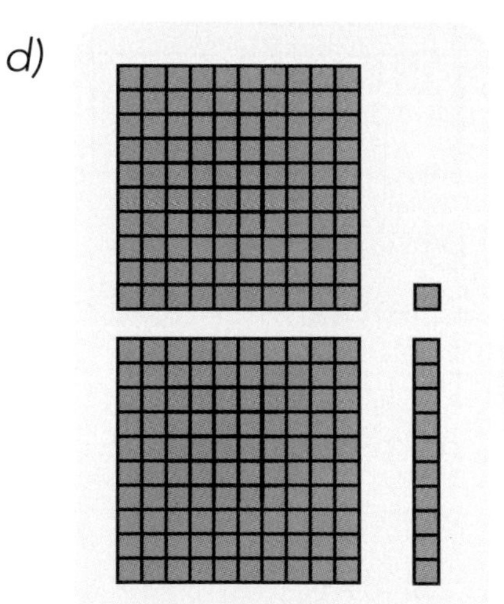

3 Sheila utilise les $\frac{35}{10}$ d'une grille.
A-t-elle utilisé plus qu'une grille ou moins qu'une grille?
Justifie ta réponse.

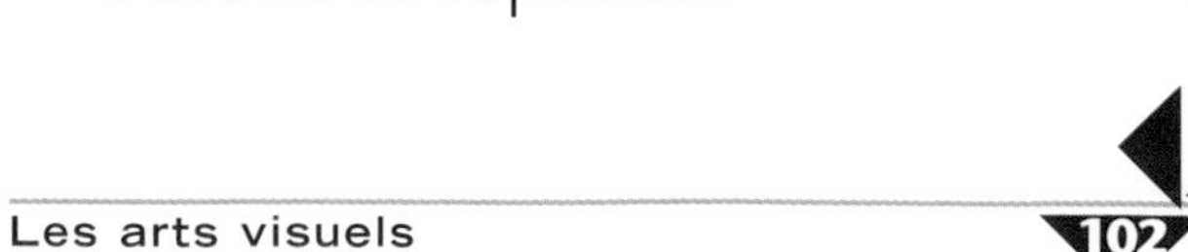

Des nombres et des représentations

1 Indique à quel nombre chaque représentation correspond.

0,13 | 3,01 | 0,31

a)

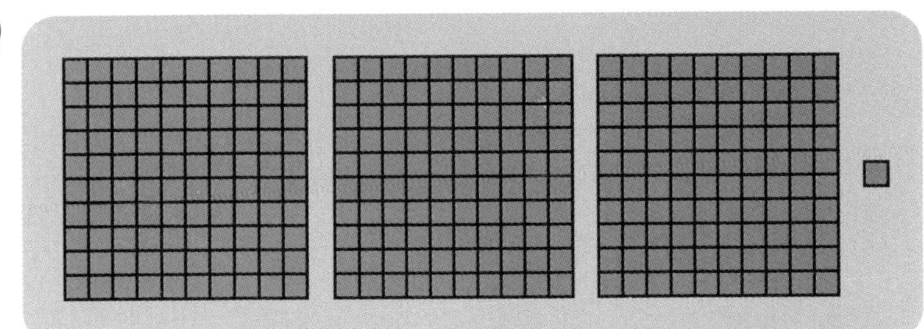

b)

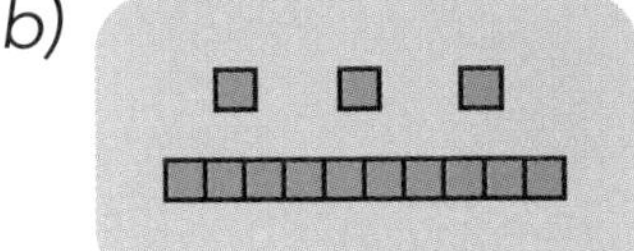

c)

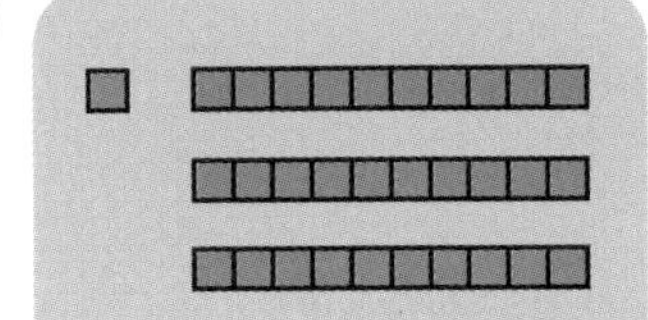

Légende

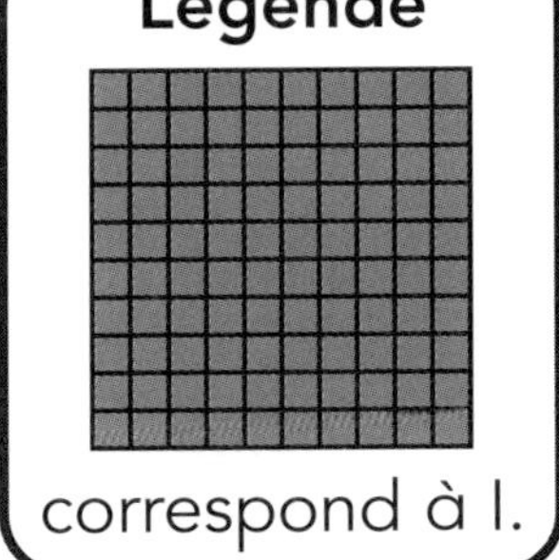

correspond à 1.

2 Pour chaque représentation, écris :

- le nombre décimal correspondant ;
- la fraction correspondante.

a)

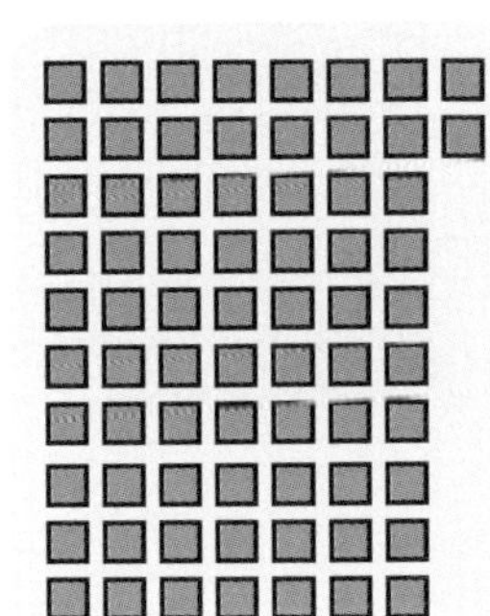

b)

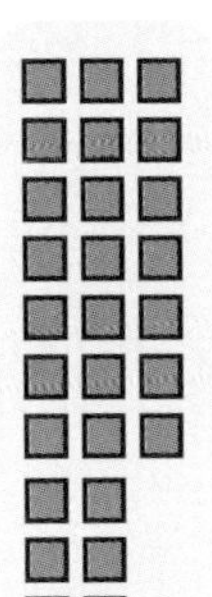

c)

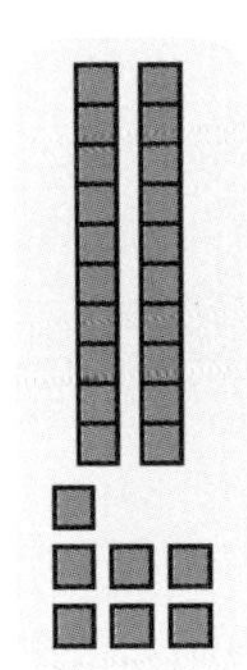

d)

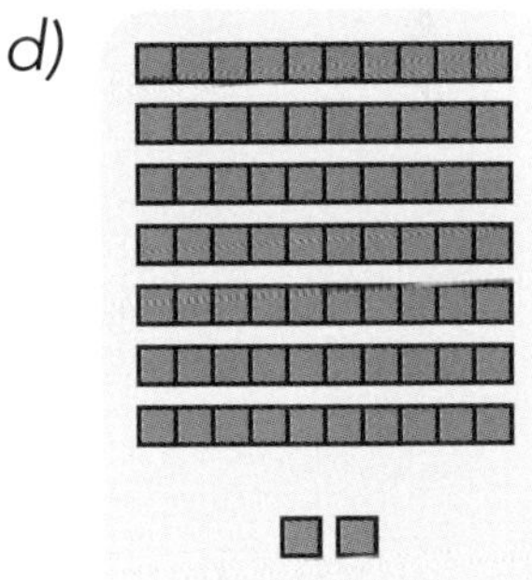

3 Représente chaque nombre à l'aide de grilles, de bandes et de petits carrés.

a) 2,05 *b)* 0,5 *c)* 0,05 *d)* 0,25 *e)* 0,50

4 Parmi les représentations du numéro 3, lesquelles correspondent à $\frac{1}{2}$ grille ?

Une question d'argent

1 Indique à quel montant d'argent chaque représentation correspond.

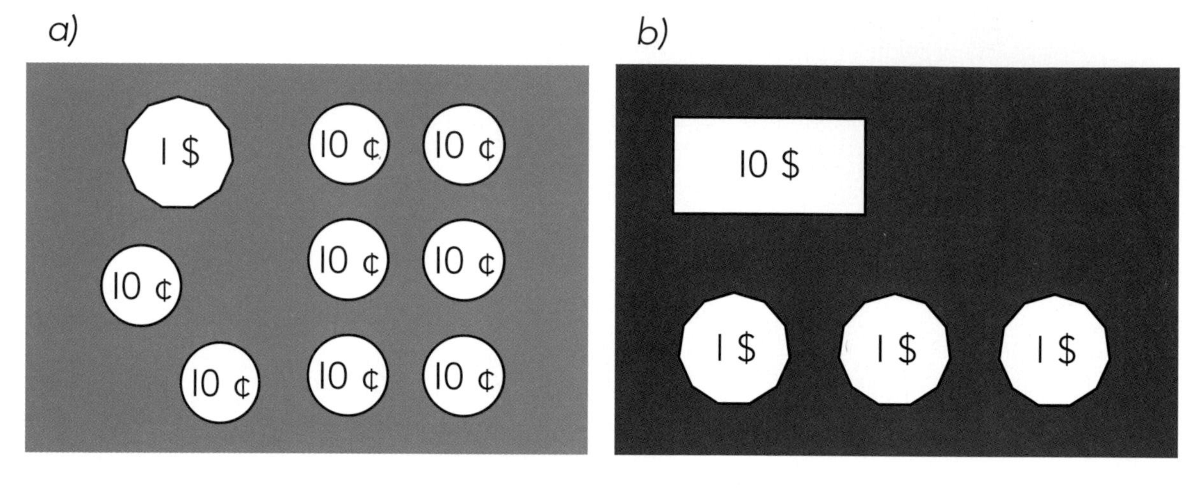

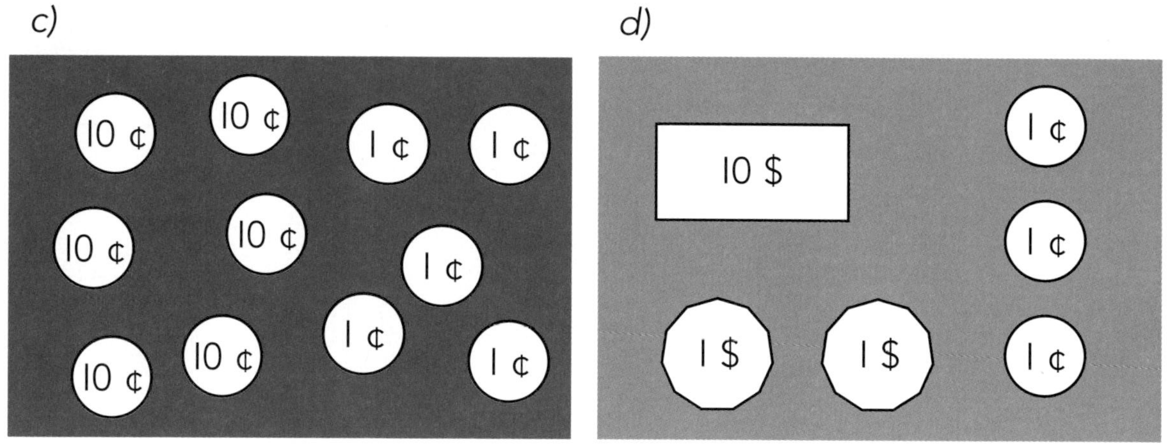

2 Au numéro 1, un nombre n'est pas représenté. Représente ce nombre en utilisant des pièces de 1 $, de 10 ¢ et de 1 ¢.

3 Classe les montants d'argent dans l'ordre croissant.

a)	12,03 $	15,75 $	7,99 $	8,33 $	10,95 $	14,00 $
b)	0,25 $	1,00 $	0,99 $	0,01 $	0,50 $	0,05 $

Tes nouveaux nombres

1 Voici les 5 nombres qu'Aurélie a choisis pour parler d'elle.

- Taille : 1,15 m
- Âge : 8 $\frac{1}{2}$ ans
- Adresse : 4512, rue Brillant
- Argent de poche : 2,25 $ par semaine
- Nombre préféré : 23

a) La taille d'Aurélie est-elle plus près de 1 m ou plus près de 2 m ?

b) C'est le mois de juin. À quel mois Aurélie aura-t-elle 9 ans ?

c) Combien d'argent Aurélie pourrait-elle économiser en 4 semaines ?

d) Marc habite au 4527, rue Brillant. Habite-t-il du même côté de la rue qu'Aurélie ? Justifie ta réponse.

e) Indique 2 caractéristiques du nombre 23.

2 Trouve 5 nombres qui se situent entre le nombre 3 et le nombre 4.

3 Écris chaque fraction sous la forme d'un nombre décimal.

a) $\frac{11}{100}$ *b)* $\frac{5}{10}$ *c)* $\frac{25}{100}$

d) $\frac{1}{2}$ *e)* $\frac{3}{100}$ *f)* $\frac{2}{10}$

4 • Place les nombres dans l'ordre croissant.

• Écris la fraction qui correspond à chaque nombre.

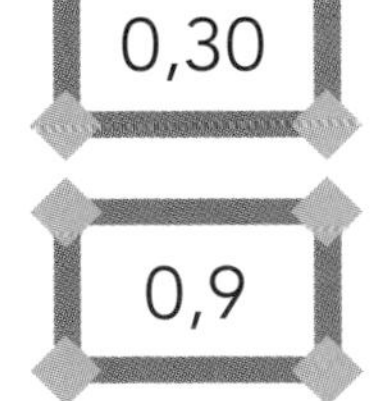

0,30 0,5 0,67

0,9 0,05 1,00

Pêle-mêle

Les données du problème

Choisis 5 problèmes. Dans chaque cas:

- écris une multiplication qui correspond à la situation;
- trouve la solution.

1 Carl s'exerce au piano 150 minutes par jour. Combien de minutes s'exerce-t-il par semaine?

2 Sofia suit 372 minutes de cours de danse par mois. Combien de minutes de cours suit-elle en 6 mois?

3 Le père de Jean court 450 minutes par semaine. Combien de minutes court-il en 1 mois?

4 Luc consacre 280 minutes par semaine au bricolage. Combien de minutes consacre-t-il au bricolage en 6 semaines?

5 Gabriel fait 130 heures d'arts plastiques par année. Combien d'heures d'arts plastiques fait-il en 3 ans?

6 L'été, Paulo va pêcher 129 minutes chaque soir. Combien de minutes pêche-t-il en 1 semaine?

7 Gloria dessine 120 minutes par semaine. Combien de minutes Gloria dessine-t-elle en 9 semaines?

Des blocs pour diviser

Marc, Mika et Paul doivent résoudre chacun un problème à leur façon.

Le problème de Marc

Il faut répartir également 72 bouteilles dans 6 boîtes identiques.
Combien de bouteilles y aura-t-il dans chaque boîte ?

Marc utilise des blocs base 10 pour trouver le résultat de 72 ÷ 6.
Observe sa façon de procéder et les traces qu'il a laissées.

1re étape

Marc représente le nombre 72. 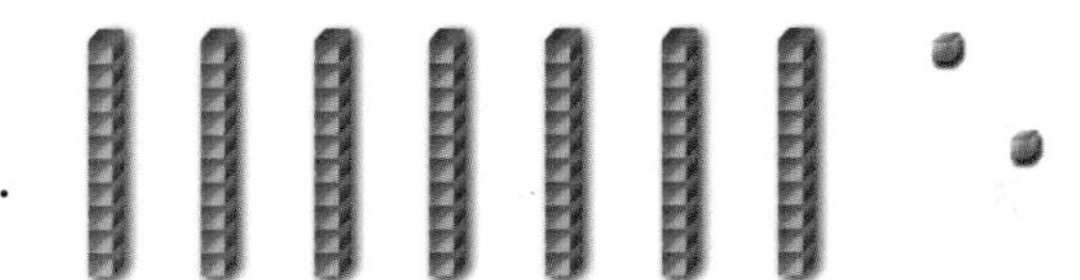

2e étape

Marc distribue également ce qu'il peut dans chaque boîte.

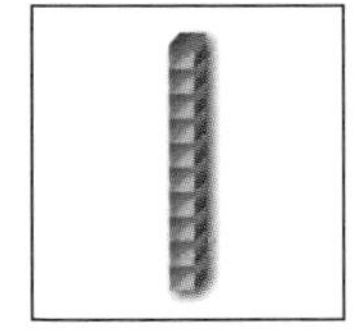 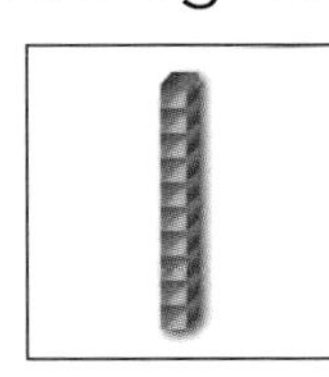 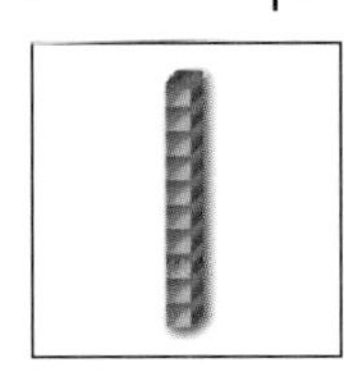 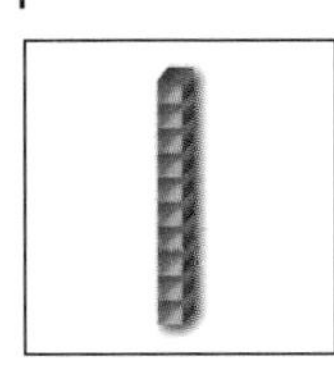 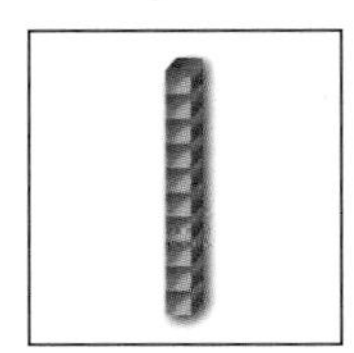 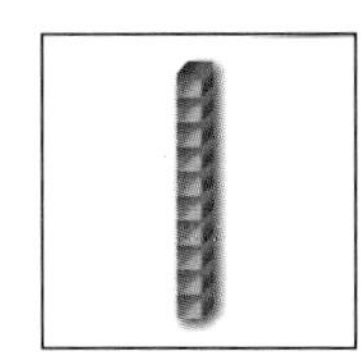

Il lui reste  à distribuer.

3e étape

Marc échange la dizaine qui reste pour 10 unités. 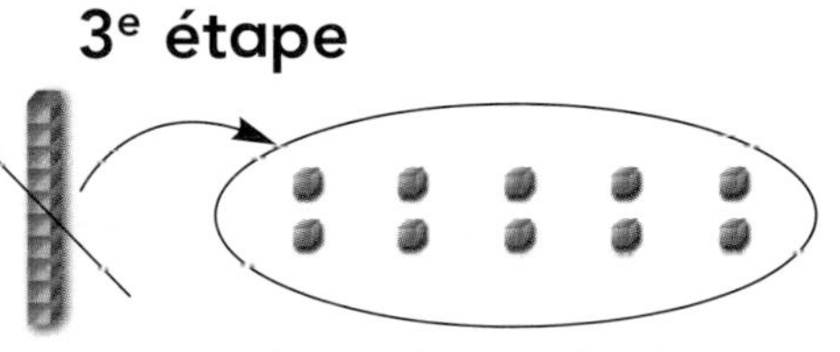

Il distribue également ce qui reste dans les 6 boîtes.

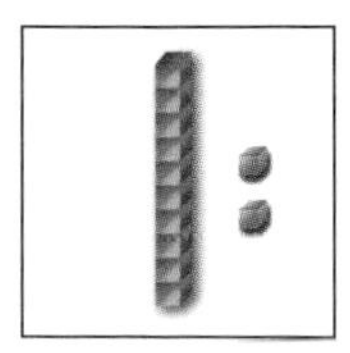 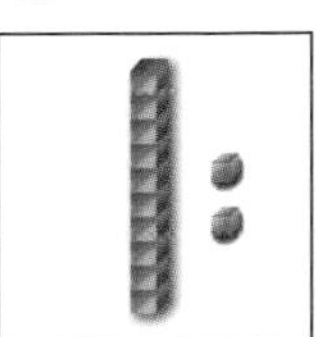 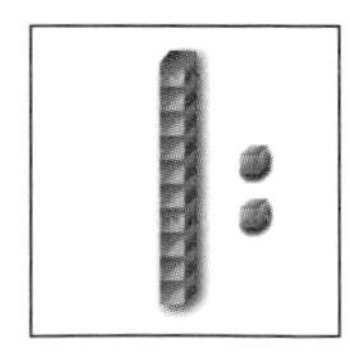 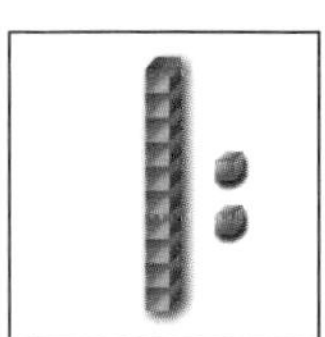 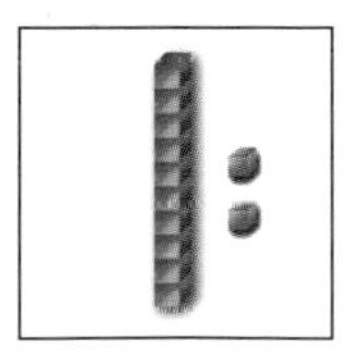 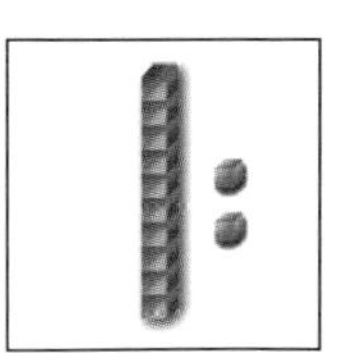

Marc écrit donc 72 ÷ 6 = 12. Réponse : 12 bouteilles.

Le problème de Mika

À l'usine, une machine emballe les yogourts par paquet de 6. Il reste 84 yogourts à emballer. Combien de paquets la machine peut-elle encore faire ?

Mika utilise des blocs base 10 pour trouver le résultat de 84 ÷ 6. Observe sa façon de procéder et les traces qu'elle a laissées.

1re étape

Mika représente le nombre 84.

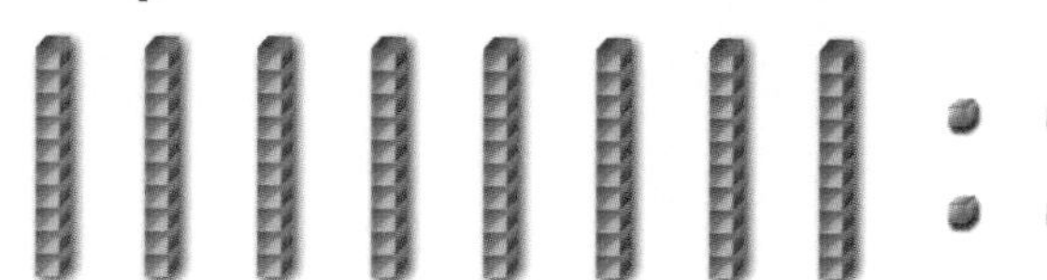

2e étape

Mika échange chaque dizaine pour 10 unités.

3e étape

Elle fait des groupes de 6 autant de fois qu'elle peut.

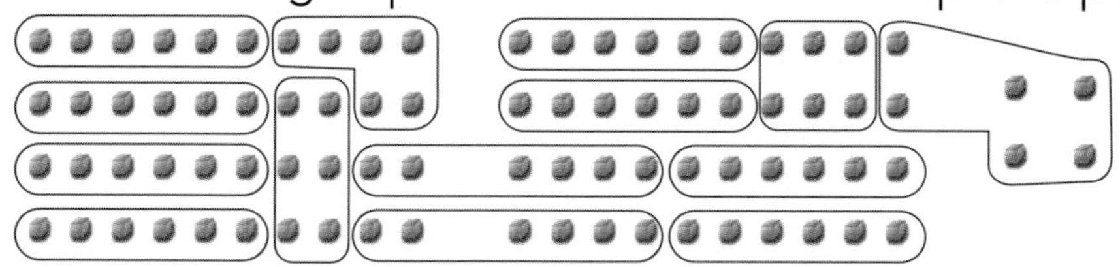

Mika écrit donc 84 ÷ 6 = 14. Réponse : 14 paquets.

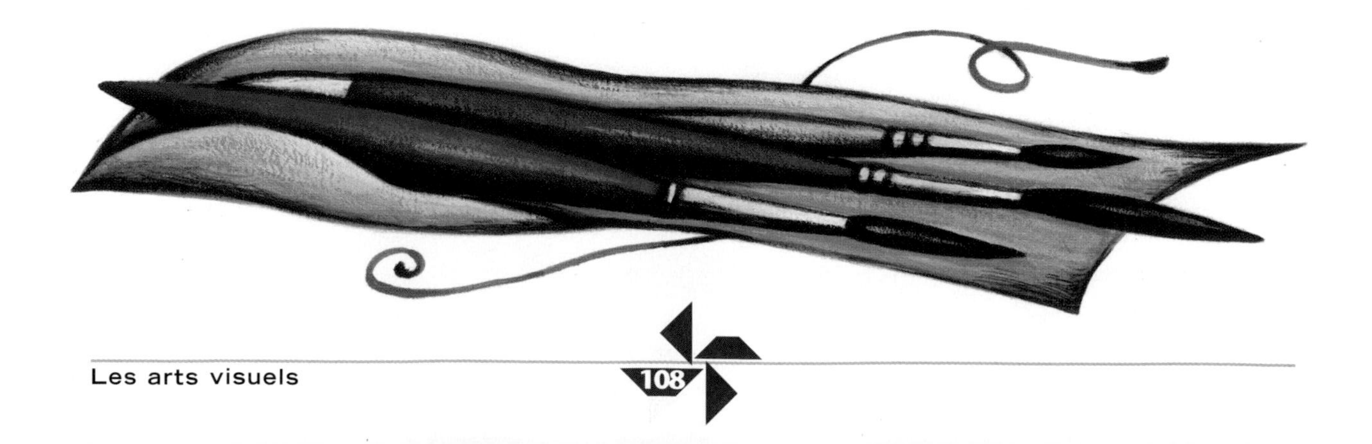

Le problème de Paul

Paul résout le même problème que Mika.

Paul utilise la soustraction et sa calculatrice.
Observe les traces qu'il a laissées sur sa façon de procéder.

84 – 6 = 78 ⟶ 78 – 6 = 72 ⟶ 72 – 6 = 66 ⟶ …

Pour arriver à 0, j'ai fait 84 – 6 = = =… 14 fois.

Paul écrit 84 ÷ 6 = 14. Réponse : 14 paquets.

1 Compare ta façon de diviser avec celles de Marc, de Mika et de Paul. Y a-t-il des ressemblances ? des différences ? Explique ta réponse.

2 Résous le problème suivant à la façon de Marc. Il faut répartir également 128 pinceaux dans 8 coffrets identiques. Combien de pinceaux y aura-t-il dans chaque coffret ?

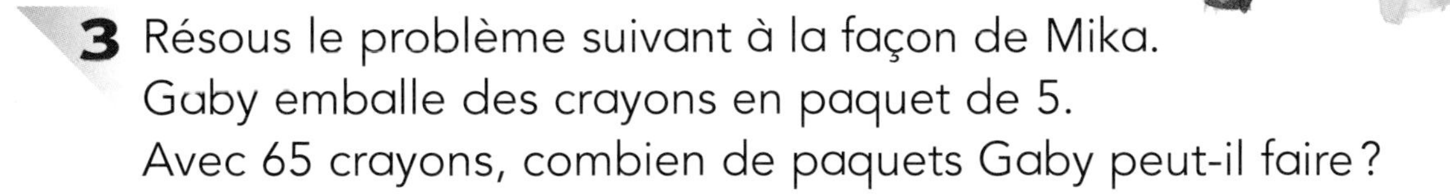

3 Résous le problème suivant à la façon de Mika. Gaby emballe des crayons en paquet de 5. Avec 65 crayons, combien de paquets Gaby peut-il faire ?

4 Résous le problème suivant à la façon de Paul. Le marchand vend des cartons en paquet de 9. Avec 117 cartons, combien de paquets peut-il vendre ?

5 Effectue les divisions suivantes à la façon de ton choix. Laisse des traces de ta démarche

a) 84 ÷ 7 = ■ *b)* 120 ÷ 6 = ■ *c)* 112 ÷ 4 = ■

Le multiple le plus près

Pour chaque situation :

- écris la division correspondante ;
- trouve le multiple demandé dans l'encadré. Ce multiple doit se rapprocher le plus possible du nombre d'objets (il peut être égal ou inférieur) ;
- trouve le résultat.

1 L'artisane prépare des paniers de 4 savons. Combien de paniers complets de savons peut-elle préparer avec :

Multiple de 4

a) 13 savons ?

b) 48 savons ?

c) 26 savons ?

2 La couturière coud 7 boutons par manteau. Combien de manteaux peut-elle faire avec :

Multiple de 7

a) 22 boutons ?

b) 63 boutons ?

c) 47 boutons?

3 Pour la réception, on place 9 bougies par table. Combien de tables peut-on éclairer avec :

Multiple de 9

a) 127 bougies ?

b) 100 bougies ?

c) 108 bougies ?

d) 138 bougies ?

Des termes manquants

1 Dans chaque cas :

- écris une équation qui correspond à la situation ;
- trouve la solution.

a) La gouache se vend en emballage de 6 pastilles. Il y a 48 pastilles. Combien d'emballages cela fait-il ?

b) Les cahiers se vendent en paquet de 8. Avec 56 cahiers, combien de paquets fait-on ?

c) Mathieu place 12 revues sur chaque étagère. Il y a 9 étagères. Combien de revues a-t-il placées ?

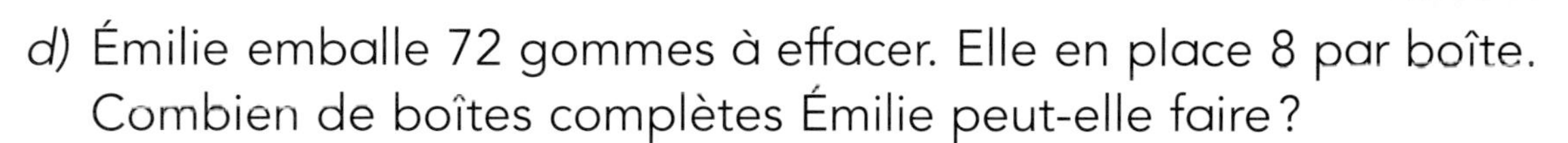

d) Émilie emballe 72 gommes à effacer. Elle en place 8 par boîte. Combien de boîtes complètes Émilie peut-elle faire ?

2 Dans chaque cas :

- écris une équation qui correspond à la situation ;

- trouve la solution.

a) Mona place 48 craies par boîte. Il y a 144 craies en tout. Combien de boîtes Mona peut-elle remplir ?

b) Les tubes de peinture sont placés par groupe de 5. Avec 135 tubes, combien de groupes Charles pourra-t-il faire ?

c) Laurie vend des toiles en paquet de 7. Avec 161 toiles, combien de paquets pourra-t-elle faire ?

3 Imagine une situation pour chaque équation. Trouve le terme manquant.

a) $\blacksquare \div 3 = 12$ *b)* $\blacksquare \div 2 = 25$ *c)* $\blacksquare \times 8 = 40$

Des solutions aux problèmes

1 Résous chaque problème.
Laisse des traces de ta démarche.

a) Marc joue au soccer 3 fois par semaine. Il a joué 72 fois au soccer la saison dernière. Combien de semaines a duré sa saison de soccer?

b) Bruno joue au tennis 2 fois par semaine toute l'année. Combien de fois jouera-t-il au tennis en un an?

c) Chaque semaine, Sabrina va à son cours de danse qui dure 2 heures. Elle a suivi plus de 200 heures de cours déjà. Sabrina en est-elle à sa première année de cours? Justifie ta réponse.

2 Parmi les multiplications suivantes:

- trouve mentalement celles qui ont un produit supérieur à 2000;
- choisis-en 4 et trouve leur produit.

a) 129 x 5 = ■ *b)* 304 x 7 = ■ *c)* 538 x 3 = ■

d) 612 x 4 = ■ *e)* 961 x 9 = ■ *f)* 400 x 8 = ■

g) 280 x 2 = ■ *h)* 777 x 6 = ■

3 Effectue 4 divisions à ta façon.
Laisse des traces de ta démarche

a) 314 ÷ 4 = ■ *b)* 100 ÷ 5 = ■ *c)* 400 ÷ 4 = ■

d) 999 ÷ 3 = ■ *e)* 560 ÷ 2 = ■ *f)* 122 ÷ 3 = ■

g) 645 ÷ 5 = ■ *h)* 306 ÷ 6 = ■

Pêle-mêle

Et la lumière fut

Observe bien les 2 photographies.

a) Qu'est-ce qu'elles ont en commun?

b) En quoi sont-elles différentes?

c) Vois-tu exactement la même chose sur chaque photo? Explique ta réponse.

Il y a de la lumière partout autour de nous. C'est le Soleil qui fournit la lumière du jour. Les rayons du Soleil, qu'on ne peut pas voir, parcourent près de 300 000 km à la seconde! La lumière solaire apporte l'énergie nécessaire aux êtres vivants pour assurer leur développement.

On peut créer de la lumière de plusieurs façons. Comme le Soleil, le feu fournit de la lumière et de la chaleur. Les premiers humains ont apprivoisé le feu il y a plus de 1 million d'années. Beaucoup plus tard, ils ont inventé la lampe en trempant une mèche enflammée dans de la graisse animale. Ils pouvaient ainsi éclairer l'intérieur des grottes qu'ils habitaient.

Ces magnifiques animaux ont été peints il y a environ 17 000 ans dans la grotte de Lascaux, en France.

Les peintures qui ornent les murs de ces grottes représentent surtout des animaux. Mais comment les humains de cette époque faisaient-ils pour obtenir ces couleurs? Toi, saurais-tu reproduire plusieurs couleurs en utilisant seulement de la lumière et quelques crayons?

Ton projet

Tu devras réaliser une œuvre originale présentant un arbre et un soleil. Tu devras produire une couleur matière pour représenter l'arbre et une couleur lumière pour représenter le soleil.

Mais d'abord, tu devras:

- produire et décomposer des couleurs lumière ainsi que des couleurs matière afin de voir de quoi elles sont faites;
- effectuer des mélanges de couleurs afin de créer un outil de référence;
- découvrir le mécanisme de la vision et constater son rôle dans la perception de ce qui t'entoure.

Les couleurs cachées de la lumière

Dans le feu de l'action

Voici 3 activités qui te permettront de découvrir de quoi se compose la lumière. Pour obtenir de meilleurs résultats, il faut réduire l'éclairage dans la classe. Dans chaque cas, note tes observations sur la fiche qu'on te remettra.

Lumière et CD
Dépose sur ton bureau un disque compact, le côté lisse et brillant sur le dessus. Éclaire-le avec une lampe de poche.

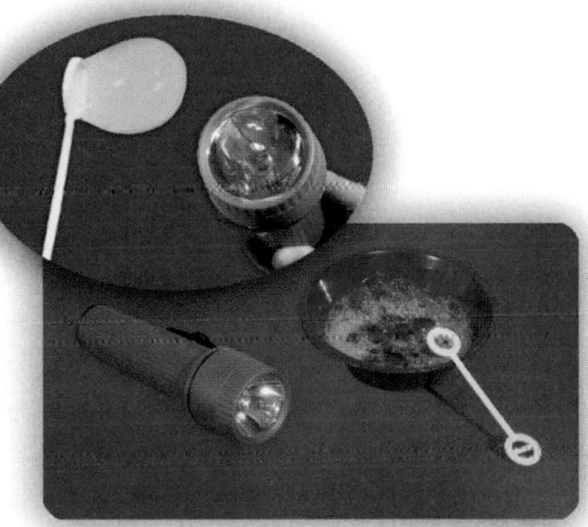

Lumière et bulles de savon
Verse du savon liquide dans un bol ou fais une bulle de savon avec un anneau. Éclaire la surface du liquide ou de la bulle avec une lampe de poche.

Lumière et spectroscope
Regarde avec un seul œil à travers la lentille d'un spectroscope. Oriente l'instrument vers la lumière extérieure. Tourne une de ses extrémités jusqu'à ce que tu voies apparaître une image à l'intérieur.

1 De quoi la lumière blanche se compose-t-elle?

2 Connais-tu d'autres exemples où on peut voir les couleurs cachées de la lumière?

Des mélanges de couleurs

On appelle « couleurs lumière » les couleurs produites par les objets qui émettent de la lumière, comme le Soleil et les projecteurs de théâtre. Sais-tu comment s'y prennent les éclairagistes pour obtenir une multitude de couleurs à partir de projecteurs de quelques couleurs seulement? Ils superposent les couleurs des projecteurs, tout simplement!

Dans le feu de l'action

Et toi, serais-tu capable de produire différentes couleurs à partir de 3 couleurs lumière seulement? Voici 2 activités qui te permettront de le vérifier.

Produire une couleur lumière

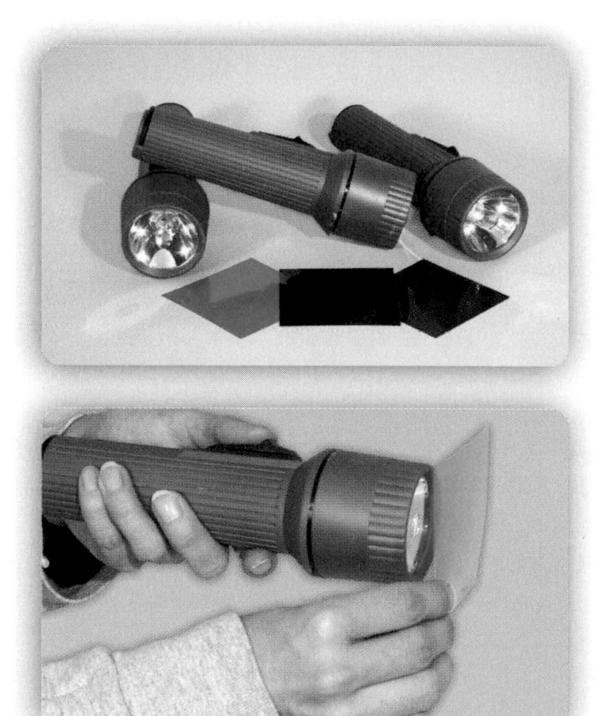

1° Choisis une couleur parmi les suivantes: cyan, jaune, magenta ou blanc. Émets une hypothèse sur les filtres que tu dois utiliser pour produire la couleur choisie. Tu disposes de 3 filtres: 1 rouge, 1 vert et 1 bleu.

2° Vérifie ton hypothèse. Allume les lampes de poche. Place les filtres choisis devant, puis éclaire l'écran.

Mélanger des couleurs lumière

Au moyen des 3 lampes de poche et des filtres, effectue des mélanges de couleurs pour produire le plus de couleurs lumière possible. Note tes résultats sur la fiche qu'on te remettra.

Les couleurs primaires

Une couleur primaire est une couleur qui ne peut être obtenue par le mélange d'autres couleurs. En mélangeant en quantités égales 2 couleurs primaires, on obtient une nouvelle couleur, appelée « secondaire ».

1 Quelles sont les couleurs lumière primaires?

2 Comment peut-on fabriquer de la lumière blanche?

3 Pendant un spectacle, tu dois projeter de la lumière jaune sur la scène. Comment feras-tu pour produire cette couleur?

4 Comment ferais-tu pour produire de la lumière orange en utilisant seulement 3 projecteurs: 1 rouge, 1 vert et 1 bleu?

Des couleurs à décomposer

On appelle «couleurs matière» les couleurs produites par les objets qui n'émettent pas de lumière, comme l'encre ou la gouache. Sais-tu comment s'y prennent les imprimeurs pour obtenir sur papier une multitude de couleurs à partir d'encres de quelques couleurs seulement? Comme les éclairagistes, ils font des mélanges!

Dans le feu de l'action

Les couleurs matière primaires sont-elles les mêmes que les couleurs lumière primaires? Pour le savoir, tu devras décomposer quelques couleurs matière à partir de taches d'encre.

1° Sépare un filtre à café en deux, en son milieu. Découpe dans chaque moitié 4 languettes d'environ 1,5 cm de largeur.

2° Choisis 4 crayons-feutres de couleurs différentes. Sur chaque languette, fais un gros point dans le haut et un trait fin dans le bas. Utilise une couleur différente par languette.

3° Plie le bord supérieur (avec le point) des languettes. Fixe celles-ci sur une règle avec du ruban adhésif pour qu'elles tiennent verticalement.

4° Trempe l'extrémité des languettes dans l'eau pendant 3 minutes ou plus, le temps que l'eau monte sur les languettes. Observe ce qui se passe. Note tes résultats sur la fiche qu'on te remettra.

1 Nomme les couleurs matière qui, en se décomposant, laissent voir le plus de couleurs différentes.

2 Quelles sont les couleurs matière qui ne se décomposent pas ?

3 Quelles sont les couleurs matière primaires ?

4 Compare les couleurs matière primaires et les couleurs lumière primaires. Que remarques-tu ?

Dans le feu de l'action

Serais-tu capable de produire différentes couleurs à partir de 3 couleurs matière seulement ? Voici une activité qui te permettra de le vérifier.

1° Dépose une petite quantité de gouache de couleur cyan, magenta et jaune sur une feuille blanche.

2° En utilisant des quantités égales de gouache, effectue des mélanges pour produire le plus de couleurs matière possible.
Note tes résultats sur la fiche qu'on t'a déjà remise.

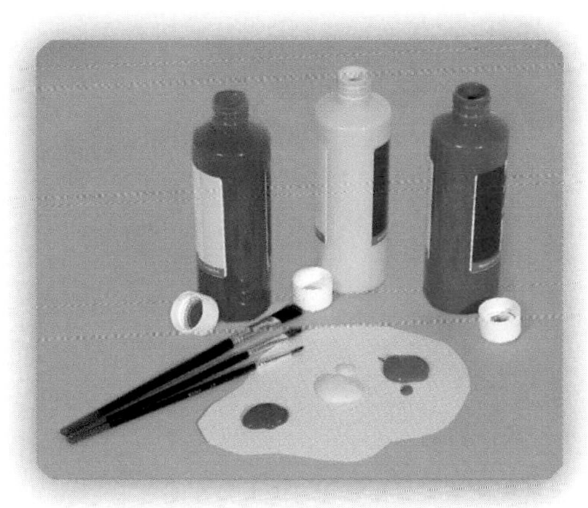

5 Comment peux-tu obtenir la couleur noire ?

6 Est-il possible d'obtenir du blanc en mélangeant des couleurs matière ?

7 Tu dois produire du vert pour une affiche. Tu disposes seulement des 3 couleurs matière primaires. Quel mélange vas-tu faire ?

Deux yeux pour voir

Crois-tu que ce peintre verrait la même chose s'il avait ses 2 yeux? Pour le savoir, fais les activités suivantes. Pour chaque essai, note si tu as réussi ou non à faire tomber le jeton dans le contenant.

Avec les yeux ouverts

1° Place un contenant sur une table.

2° Le bras bien tendu, laisse tomber un jeton d'une hauteur de 45 cm dans le contenant.

3° Répète 9 fois l'étape 2 en déplaçant chaque fois le contenant sur la table.

Avec 1 œil fermé

1° Refais les étapes 2 et 3 précédentes en fermant un œil.

2° Recommence à nouveau en variant cette fois la hauteur de laquelle tu laisses tomber les jetons. Trouve la plus grande hauteur à laquelle tu réussis à faire tomber les 10 jetons dans le contenant.

1 Combien de jetons as-tu réussi à faire tomber dans le contenant, à 45 cm, en ayant les yeux ouverts?

2 Combien de jetons as-tu réussi à faire tomber dans le contenant, à 45 cm, en fermant un œil?

3 Compare tes résultats à ceux de 5 camarades. Quelles observations peux-tu faire?

4 Les 25 élèves de la classe de Nancy ont fait les activités de la rubrique *Dans le feu de l'action* à la page 120. Voici les résultats qu'ils ont obtenus.

Hauteur	Nombre d'élèves qui ont réussi à faire tomber dans le contenant:				
	10 jetons	de 7 à 9 jetons	de 4 à 6 jetons	de 1 à 3 jetons	0 jeton
45 cm	1	4	16	3	1
40 cm	2	12	11	0	0
35 cm	2	16	7	0	0
30 cm	5	16	4	0	0
25 cm	19	6	0	0	0
20 cm	23	2	0	0	0
15 cm	24	1	0	0	0
10 cm	25	0	0	0	0

a) Les élèves ont réussi à faire tomber leurs 10 jetons dans le contenant à différentes hauteurs.
- À quelle hauteur ont-ils eu les moins bons résultats?
- À quelle hauteur ont-ils eu les meilleurs résultats?

b) À quelles hauteurs la plupart des élèves ont-ils réussi à faire tomber leurs 10 jetons dans le contenant?

c) Quelle fraction représente le nombre d'élèves qui ont réussi à faire tomber, d'une hauteur de 45 cm, au moins 7 jetons dans le contenant?

Clin d'Œil

Le mot **cyclope** désigne, dans la mythologie grecque, un géant qui n'a qu'un œil. Ce mot vient du grec *kuklôps*, composé de *kuklos* («cercle») et de *ôps* («œil»). Un cyclope est aussi un petit crustacé qui a un seul œil.

Un arbre au soleil

Cette illustration représente un vieil arbre au bord d'un grand fleuve par une journée ensoleillée.

Observe-la bien, car tu devras t'en inspirer pour réaliser une œuvre originale en utilisant des couleurs primaires!

Relis la section *Ton projet* à la page 114 du manuel.

a) Revois ce que tu as appris sur les couleurs lumière et les couleurs matière.

b) Fais un dessin au crayon en t'inspirant de l'illustration ci-dessus. Ton dessin doit obligatoirement contenir un arbre feuillu et un soleil.

c) Pour le choix des couleurs, tire 2 étiquettes parmi celles qu'on te présentera:

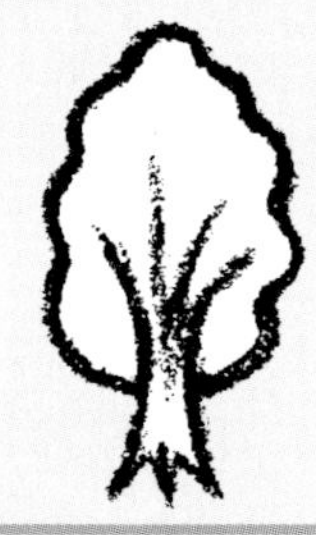

- 1 couleur matière pour le feuillage de l'arbre. Tu dois produire cette couleur matière avec de la gouache et des couleurs matière primaires.

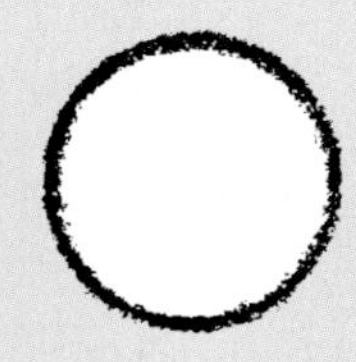

- 1 couleur lumière pour le soleil. Tu dois produire cette couleur lumière avec des lampes de poche, des filtres et des couleurs lumière primaires.

d) Colorie ton arbre. Ensuite, devant la classe, éclaire ton soleil avec les lampes de poche.

Pêle-mêle

De différentes dimensions

1 Luigi a tracé les arêtes d'un prisme.
Mesure chaque arête en centimètres.

a)

b)

c)

2 Manon a tracé les arêtes d'un prisme.
Mesure chaque arête en millimètres.

a)

b)

c)

d)

3 Mélanie a reproduit la base de quelques prismes.
Place-les dans l'ordre croissant selon la longueur de leur périmètre.

4 Antoine a reproduit la base de 4 prismes.
Il a quadrillé les surfaces planes obtenues.
Trouve l'aire approximative de chacune.

a)

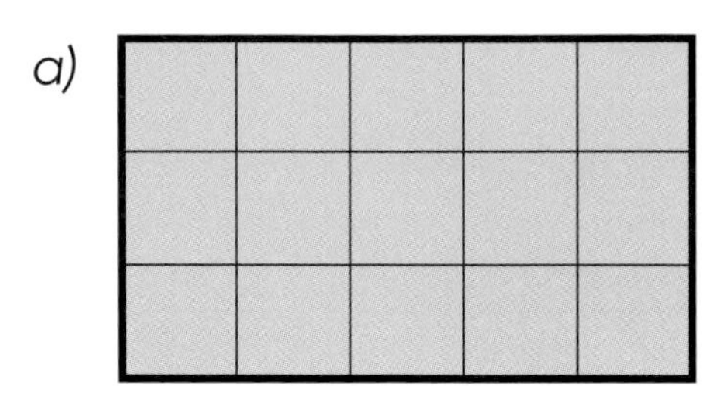

b)

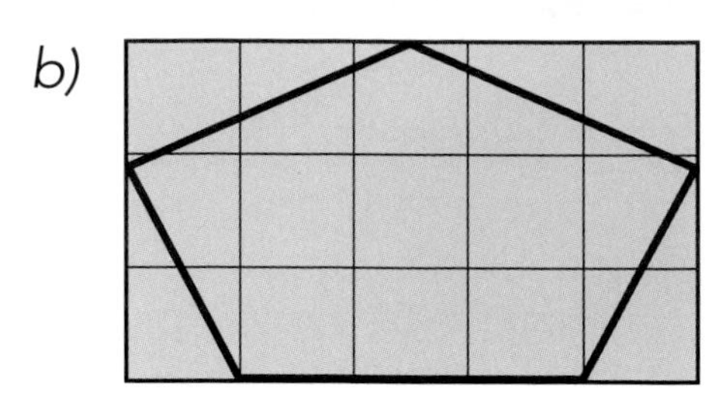

c)

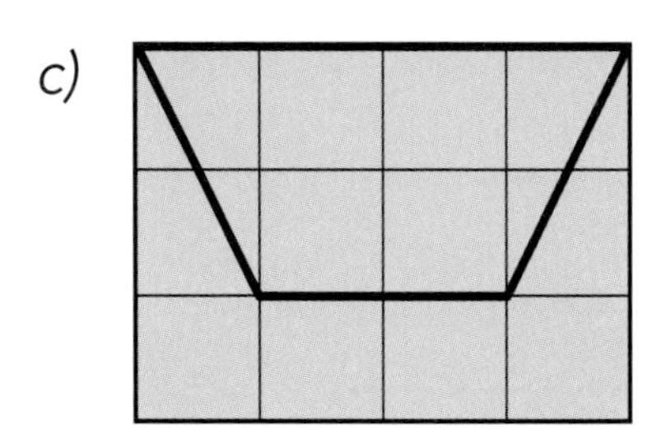

d)

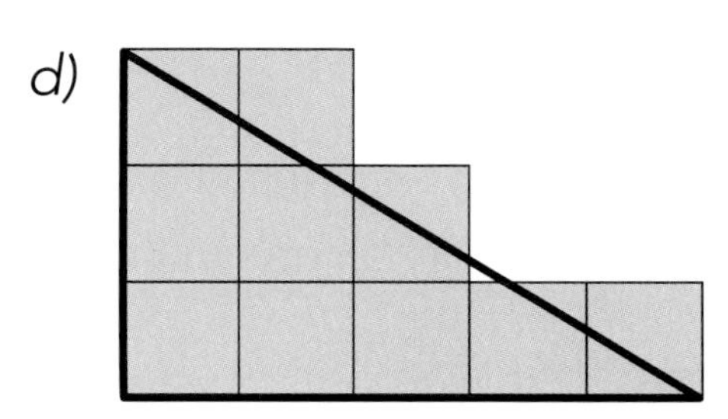

5 Voici le développement de 2 prismes.
Quelle est l'aire approximative de chacun?

a) *b)*

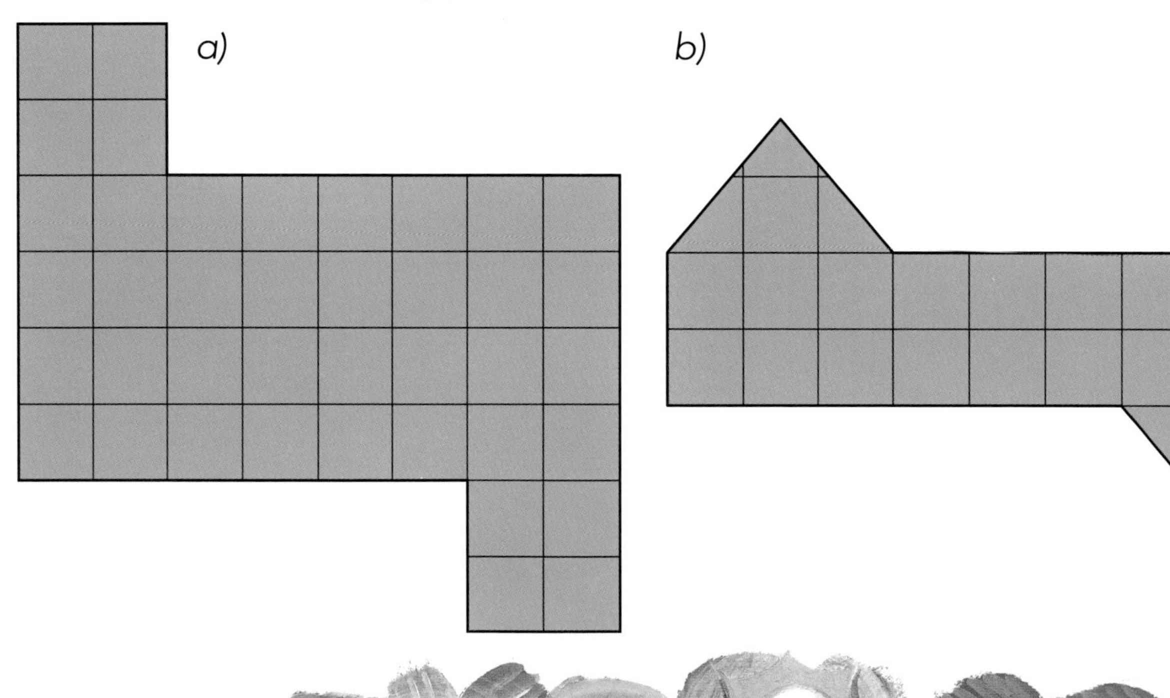

En comparaison

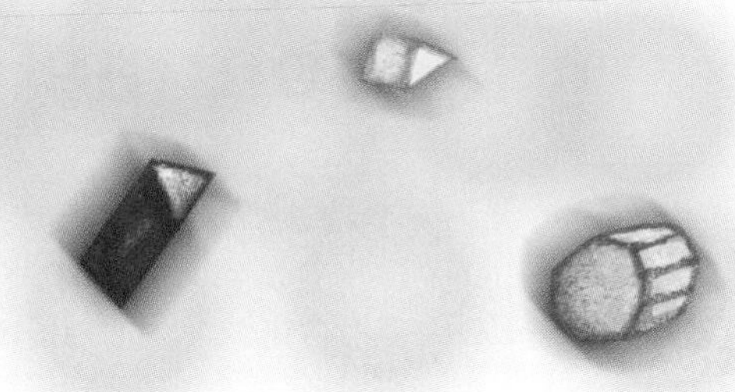

Olivier a comparé 2 prismes à base triangulaire.
Il a noté les informations suivantes.

Prisme A

Faces :	Arêtes :
• 2 triangles	• 3 de 15 cm
• 3 rectangles	• 6 de 7 cm

Aire d'un des rectangles :

105 ☐ unités

Prisme B

Faces :	Arêtes :
• 2 triangles	• 9 de 4 cm
• 3 carrés	

a) Calcule :
- le périmètre d'un des rectangles du prisme A ;
- le périmètre d'un des triangles du prisme B.

b) Trouve, en carrés-unités :
- l'aire approximative d'un des triangles du prisme A ;
- l'aire d'un des carrés du prisme B.
  Utilise la fiche qu'on te remettra.

c) Si Olivier avait mesuré toutes les arêtes du prisme A mises bout à bout, quelle longueur aurait-il obtenue ?

d) D'après toi, lequel des 2 prismes est le plus volumineux ? Explique ta réponse verbalement.

Le volume des solides

Le volume

Le volume d'un solide est la place qu'il occupe dans l'espace.

On peut dire qu'un solide « est plus volumineux que »
ou qu'il « prend plus de place que » si son volume est plus grand
que celui d'un autre.
Exemple : un réfrigérateur est plus volumineux qu'un étui à crayons.

Pour comparer le volume de 2 solides, on peut reproduire
ces 2 solides à partir de solides plus petits.

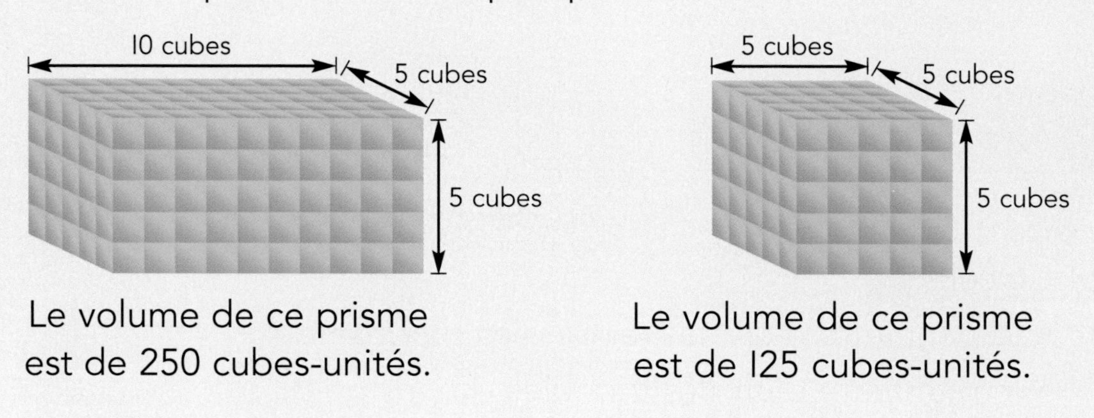

Le volume de ce prisme est de 250 cubes-unités.

Le volume de ce prisme est de 125 cubes-unités.

Trouve le volume de chaque prisme.

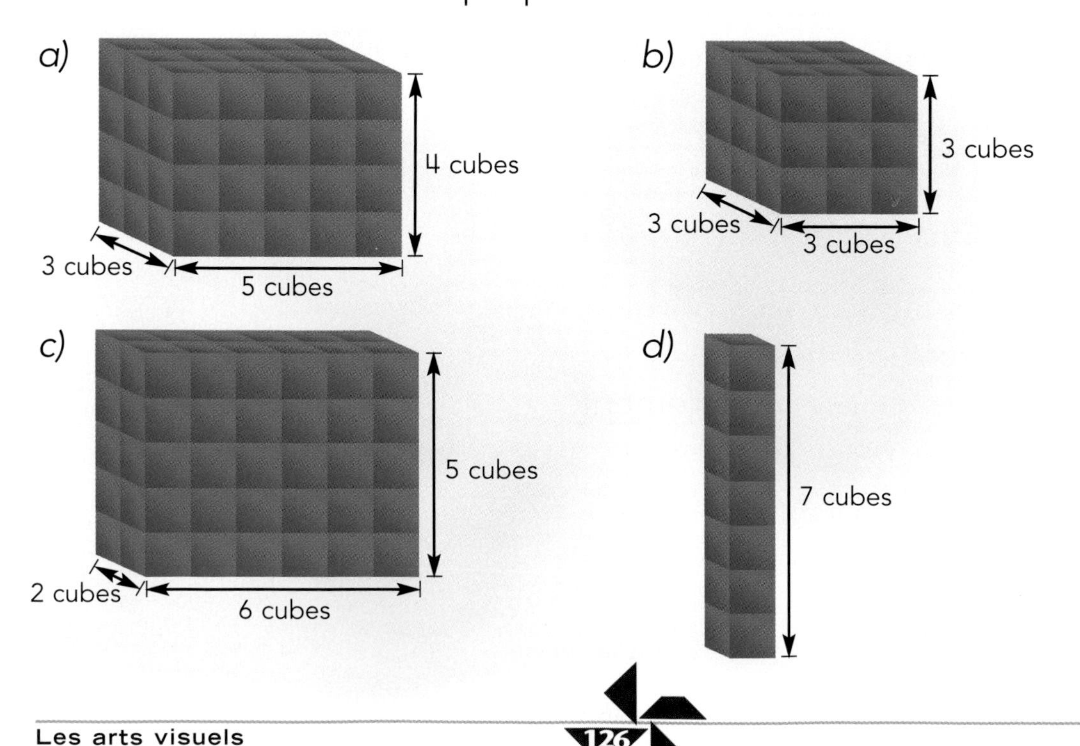

Un peu de plongée

Clin d'Œil

Archimède est un savant grec. Il est né il y a environ 2300 ans. On raconte qu'Archimède a observé, en prenant son bain, que l'eau montait lorsqu'il y plongeait son corps. Il a compris qu'il existait un lien entre le volume d'un corps immergé et la hausse du niveau de l'eau. C'est alors qu'il s'est écrié : *Eurêka!*, qui veut dire « J'ai trouvé ! ».

1 Michel plonge un objet A dans un bac d'eau. Le niveau de l'eau monte de 5 cm. Il retire l'objet A du bac et plonge un objet B. Le volume de l'objet B est le double de celui de l'objet A. De combien de centimètres le niveau de l'eau montera-t-il ?

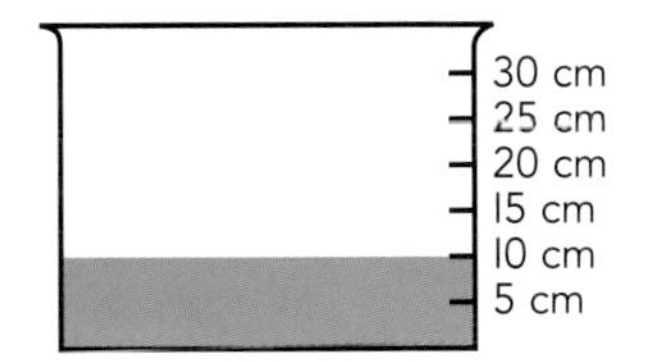

Niveau d'eau au départ

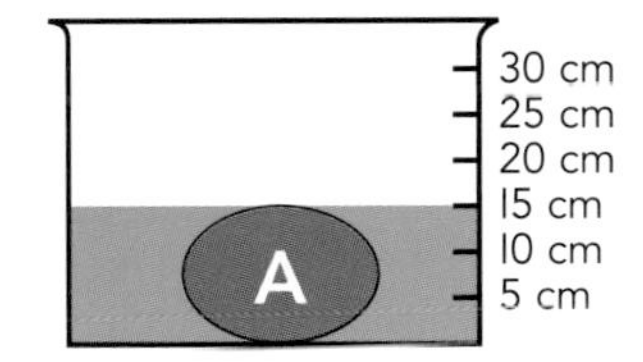

Niveau d'eau une fois l'objet A dans l'eau

2 Laurence compare le volume de plusieurs solides en les immergeant dans ce bac. Voici ce qu'elle a obtenu.

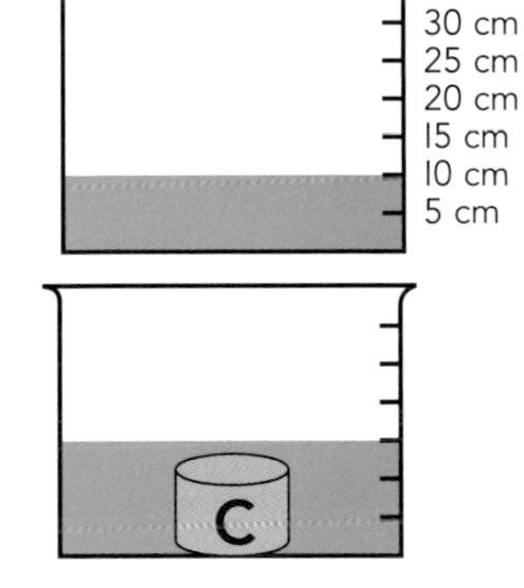

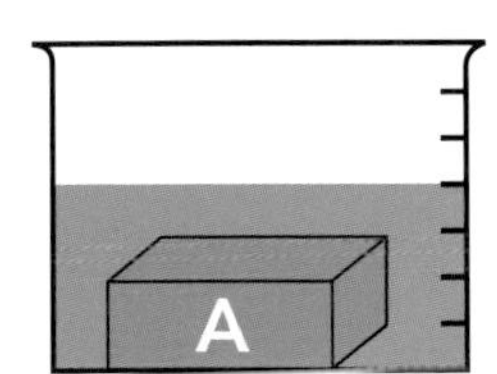

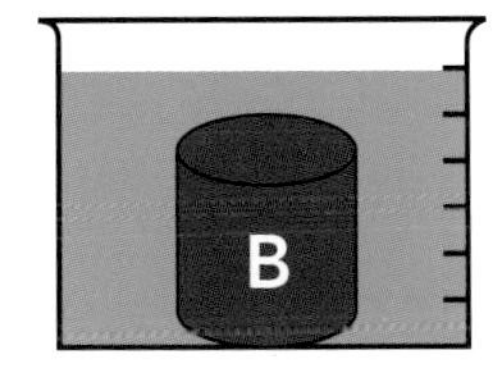

Place ces solides dans l'ordre croissant selon leur volume.

3 Vincent plonge 2 boules identiques dans un bac d'eau. Le niveau de l'eau indique 14 cm. Vincent retire l'une des boules. Le niveau de l'eau baisse à 10 cm. À quel niveau l'eau était-elle avant que Vincent plonge les 2 boules dans le bac ?

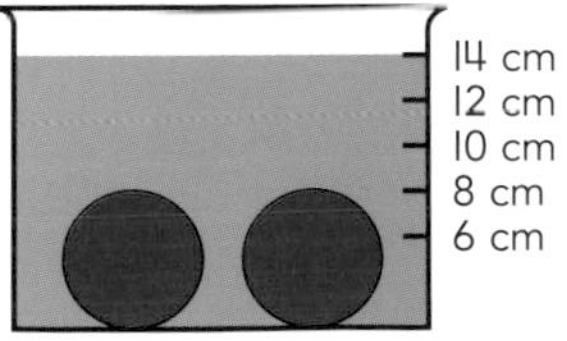

Des démonstrations

1 Pour reproduire un prisme A, il faut 40 réglettes 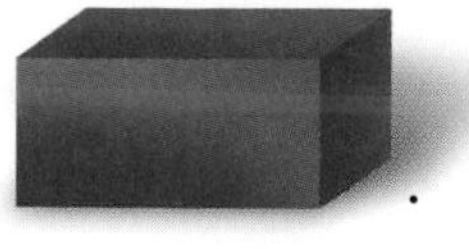 .

Pour reproduire un prisme B, il faut 78 réglettes .
Lequel des 2 prismes a le plus grand volume?
Explique ta réponse.

2 Le volume de ce prisme est de 24 cubes-unités.
Si on double sa largeur, sa longueur et sa hauteur, quel sera son volume?

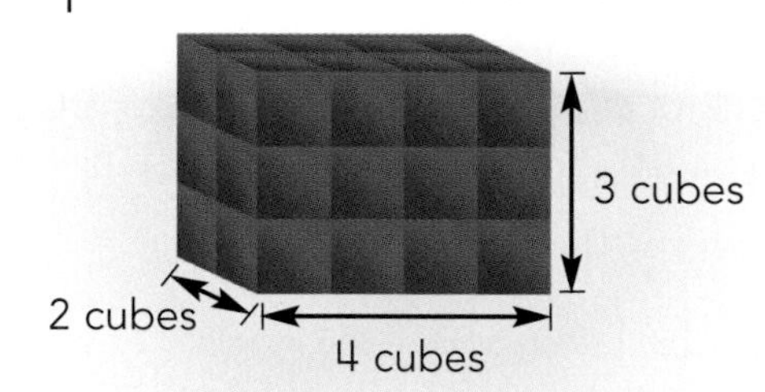

3 Le volume de ce prisme est de 8 cubes-unités. Toutes les arêtes sont de même longueur.
Trouve le nombre de cubes qu'il y a en hauteur.

4 Le volume de ce prisme est de 18 cubes-unités. Sa hauteur est de 3 cubes. Sa largeur est de 2 cubes.
Trouve le nombre de cubes qu'il y a en longueur.

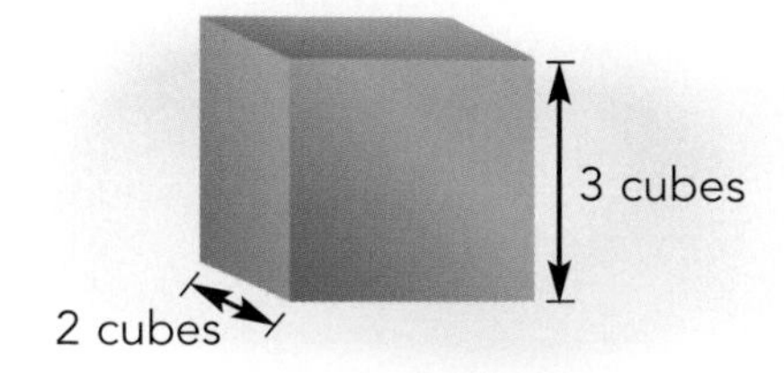

Dans ma tête

1 Trouve parmi les illustrations celles qui représentent :

a) $\frac{1}{2}$;

b) $\frac{1}{3}$;

c) $\frac{1}{4}$.

Explique tes choix.

Ⓐ

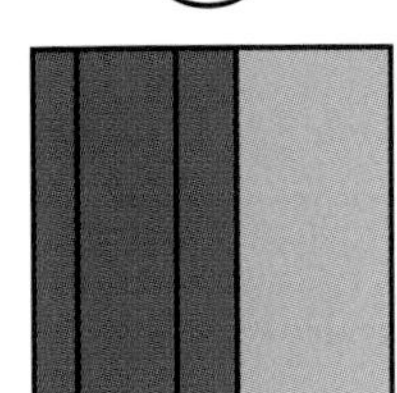

Ⓑ

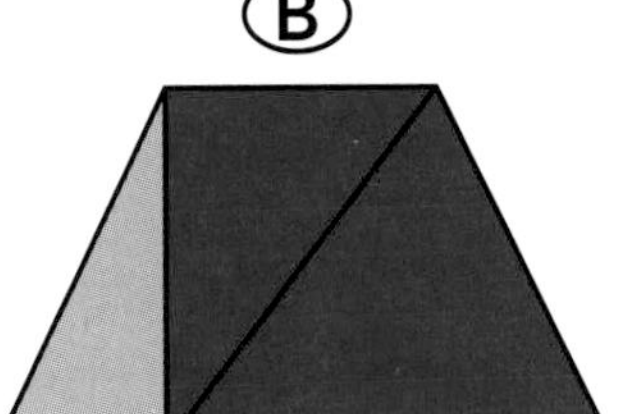

Ⓒ

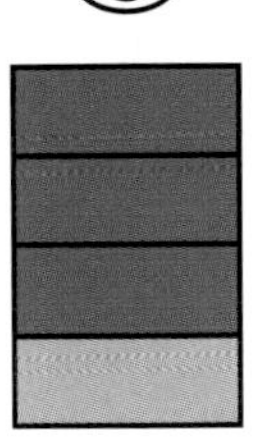

Ⓓ

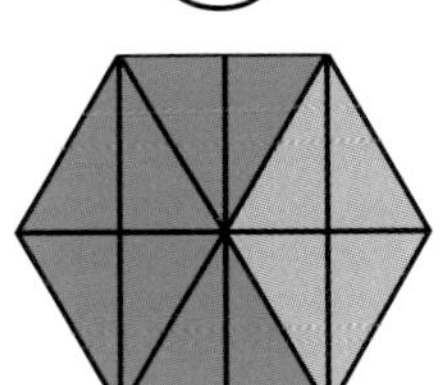

Ⓔ

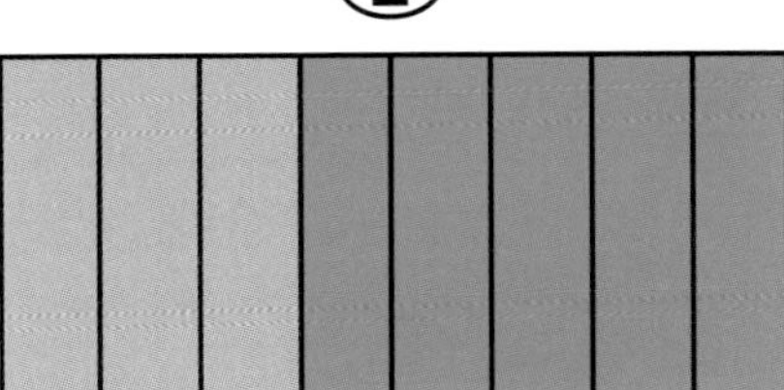

Ⓕ

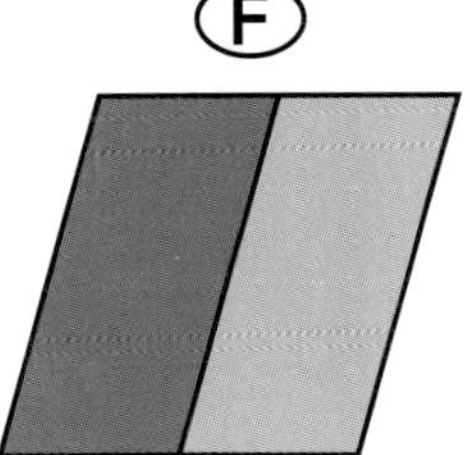

2 Indique à quelle fraction de la collection correspondent :

a) les chevaux rouges;

b) les chevaux jaunes;

c) les chevaux blancs;

Du bout des doigts

1 Complète le tableau.

	1er nombre	2e nombre	Somme des 2 nombres	Produit des 2 nombres
a)			20	100
b)	4			40
c)			75	350
d)		15		225
e)	201		221	
f)	10		88	
g)		3		450
h)	346		358	

2 Indique dans quelle région du diagramme chaque nombre doit être classé.

0 12 24 40 47 50 55 60 90 100 105 120 300 425 560 566

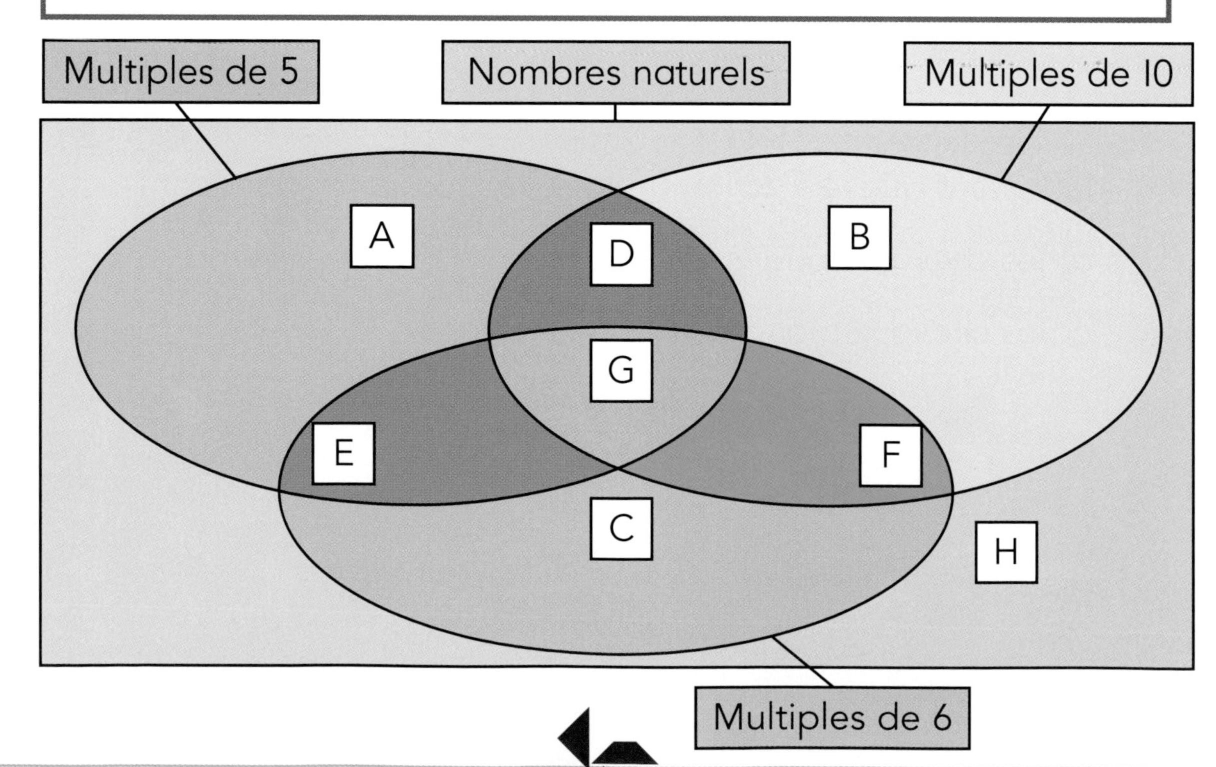

La seconde

La seconde est l'unité de base de la mesure du temps.

1 min = 60 s 1 h = 60 min 1 j = 24 h 1 a = 365 j $\frac{1}{4}$

Même si la Terre met 365 j $\frac{1}{4}$ à faire le tour du Soleil, on a convenu que la durée d'une année serait de 365 jours. Tous les 4 ans, on additionne les quatre $\frac{1}{4}$ de jour qui restent et on obtient un jour entier. On ajoute ce jour à la fin du mois de février. Voilà pourquoi, tous les 4 ans, une année compte 366 jours. Ces années sont dites «bissextiles».

1 Complète les équivalences.

a) 15 min = ■ s

b) 190 m = ■ h ■ min

c) 144 h = ■ j

d) 2 h = ■ s

2 Voici des durées.

Ⓐ 1 h 8 min Ⓑ $\frac{1}{4}$ de journée Ⓒ 360 s Ⓓ 138 s

Ⓔ 318 min Ⓕ 2 min 18 s Ⓖ 6 h Ⓗ 4080 s

Ⓘ 6 min Ⓙ 2 h 5 min 18 s Ⓚ 5 h 18 min

a) Indique les 5 paires de durées équivalentes.

b) Quelle durée n'a pas d'équivalence?

c) Trouve une équivalence à cette durée.

3 Indique les calculs qui ont été effectués pour obtenir ces équivalences.

1 j = 24 h = 1440 min = 86 400 s

Le boulier chinois

À travers les âges, les humains ont fabriqué des outils pour faciliter le calcul. Le premier outil fut l'abaque. C'était une tablette creusée de rainures sur lesquelles on plaçait des jetons ou des cailloux.

Le boulier est un abaque perfectionné qui comporte des boules glissant sur des tiges. Il en existe différents modèles. Il est apparu au XIIIe siècle. Aujourd'hui, on utilise encore le boulier en Chine, au Japon et en Russie, par exemple, parce qu'on le trouve aussi rapide que la calculatrice.

Le boulier chinois est formé d'un cadre rectangulaire, séparé en 2 parties par une baguette horizontale, et d'un certain nombre de tiges verticales. Chaque boule de la partie supérieure représente 5 fois la valeur d'une boule de la partie inférieure.

1 Observe la représentation du nombre 6253 sur le boulier ci-dessous. Selon toi, comment représente-t-on un nombre sur un boulier chinois?

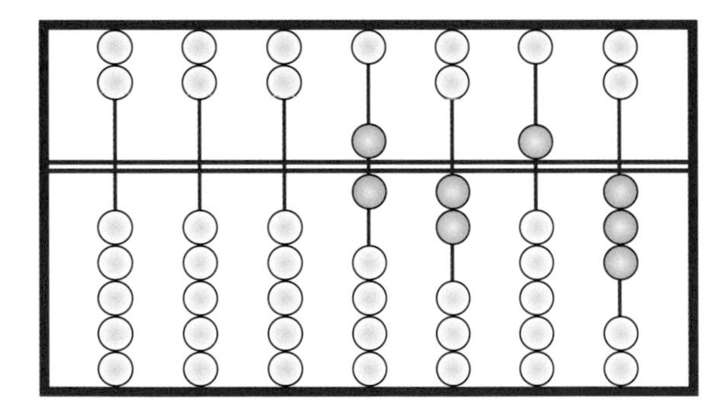

2 Indique quel nombre est représenté.

a)

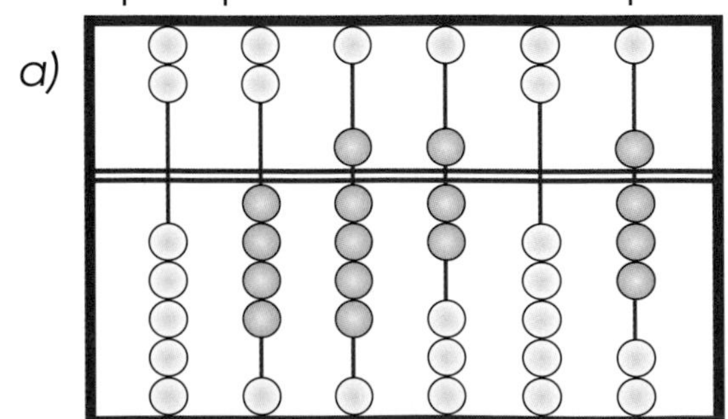

b)

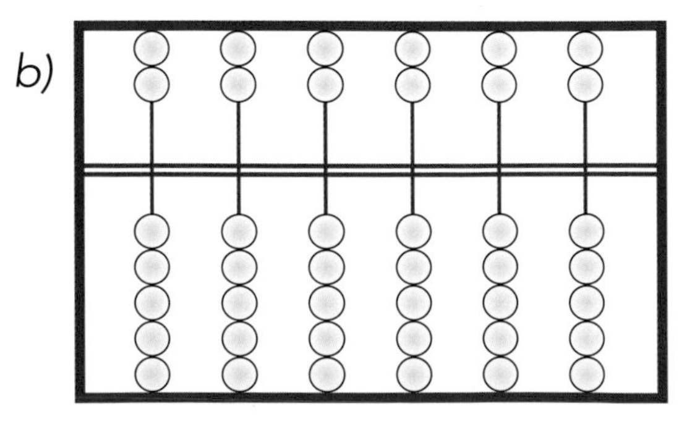

3 Marie et Matisse effectuent des opérations sur un boulier chinois.

Marie : 6 + 9 = 15

1° Marie représente le nombre 6.

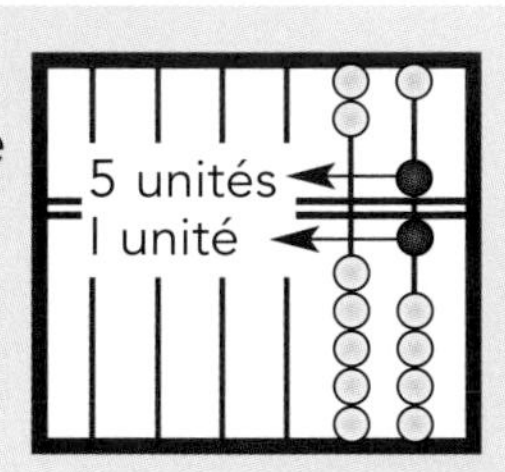

2° Elle ajoute 9 : elle monte 4 boules des unités du bas, et descend 1 boule des unités du haut.

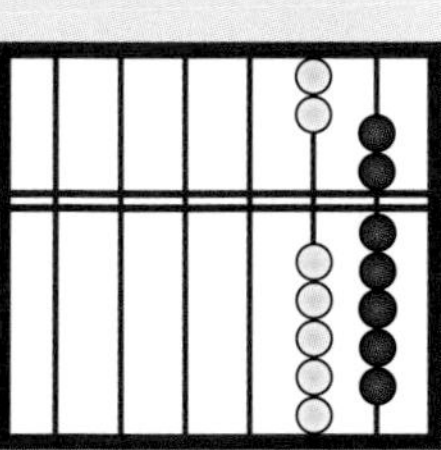

3° Elle échange 2 boules des unités du haut pour 1 boule des dizaines du bas.

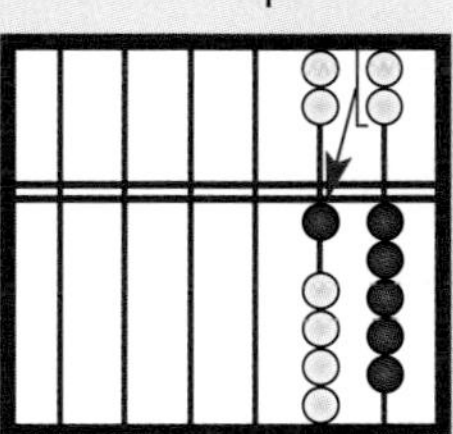

4° Elle échange 5 boules des unités du bas pour 1 boule des unités du haut.

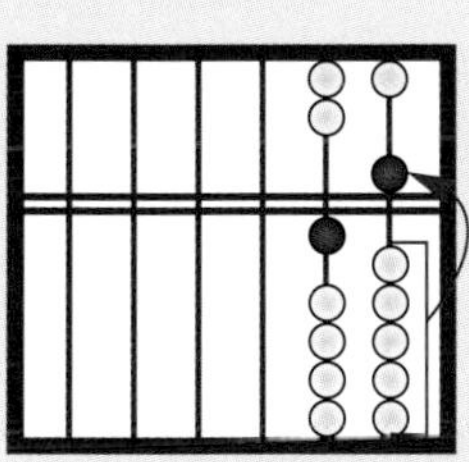

Le résultat de l'addition est : **1 dizaine et 5 unités** ou **15**.

Matisse : 15 – 9 = 6

1° Matisse représente le nombre 15.

Il doit enlever 9. Comment va-t-il faire ?

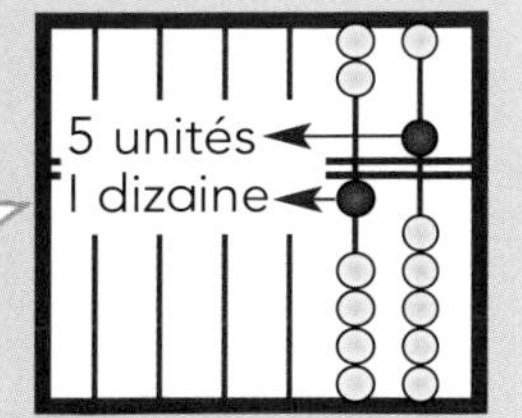

2° Il échange 1 boule des unités du haut pour 5 boules des unités du bas.

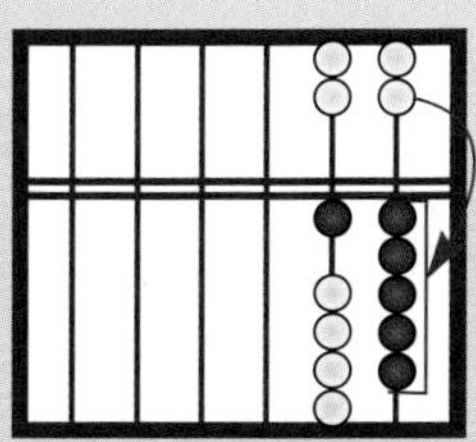

3° Il échange 1 boule des dizaines du bas pour 2 boules des unités du haut.

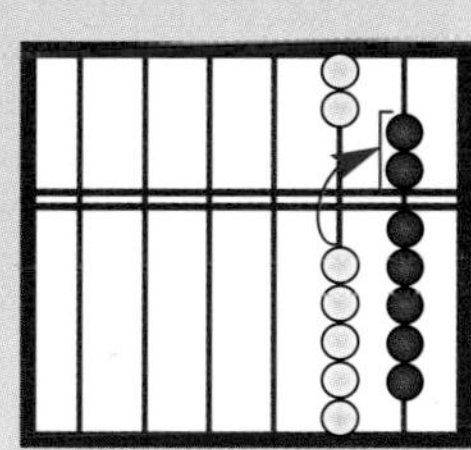

4° Il enlève 9 : il descend 4 boules des unités du bas et monte 1 boule des unités du haut.

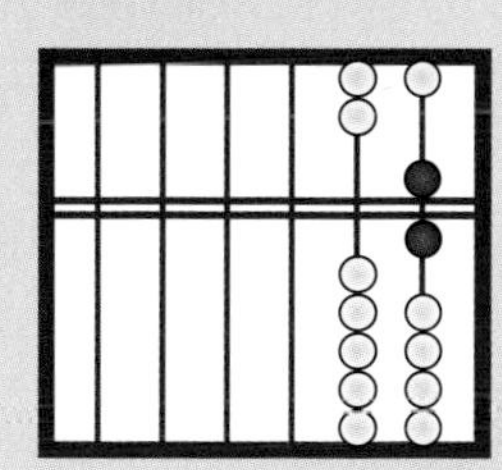

Le résultat de la soustraction est **6 unités** ou **6**.

Effectue à ton tour les opérations suivantes sur le boulier chinois.

a) 31 + 17 *b)* 18 + 52 *c)* 39 + 55 *d)* 26 + 24

e) 97 – 32 *f)* 63 – 18 *g)* 44 – 15 *h)* 76 – 27

Un mathématicien célèbre : le père Sébastien Truchet

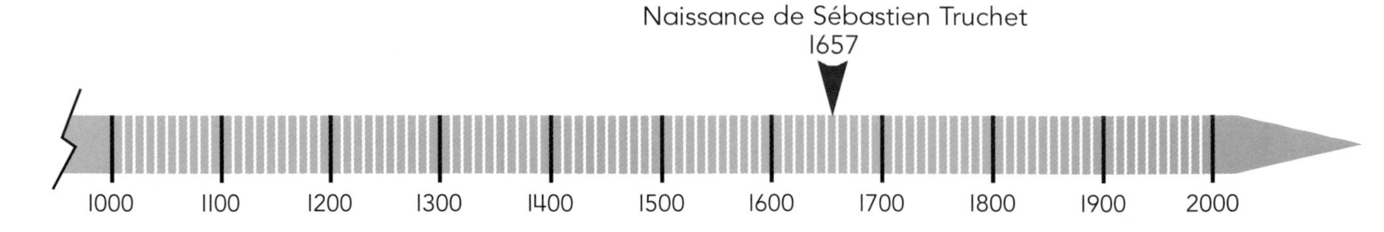

Sébastien Truchet est né en France en 1657. Enfant, il s'amuse à fabriquer des petites machines. C'est au cours d'une visite de musée que son goût pour la mécanique se confirme.

À 17 ans, Sébastien devient membre d'un ordre religieux. Deux ans plus tard, il entre à la cour du roi Louis XIV dont il a déjà réparé les montres. Il construit alors avec succès de nombreuses machines utilitaires. Il invente entre autres le fardier, une machine qui aide les ouvriers à transplanter de grands arbres.

Un jour, alors qu'il visite un château, le père Truchet observe des carreaux de faïence. Il remarque qu'un carreau de 2 couleurs séparé par une ligne diagonale offre différents agencements. En 1704, il publie ses observations. C'est une des premières études sur la théorie des dallages. En 1722, des chercheurs s'inspirent de son travail et publient un livre qui a eu une grande influence sur l'art décoratif.

1 Voici un dallage que le père Truchet a créé en répétant toujours le même carreau. Quel est ce carreau ?

2 Trouve le motif de base qui a servi à la création de chacun de ces dallages.

a)

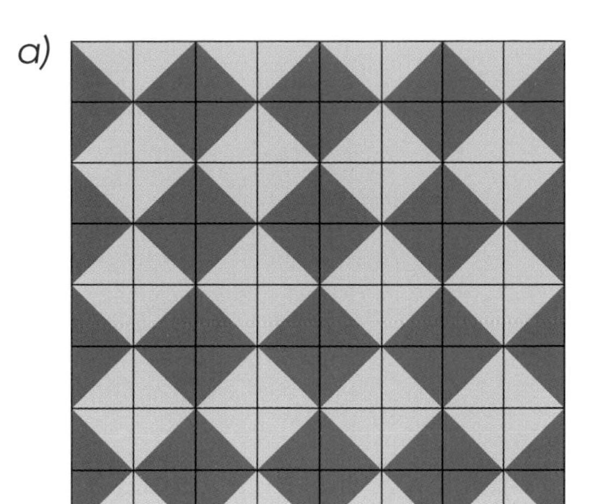

b)

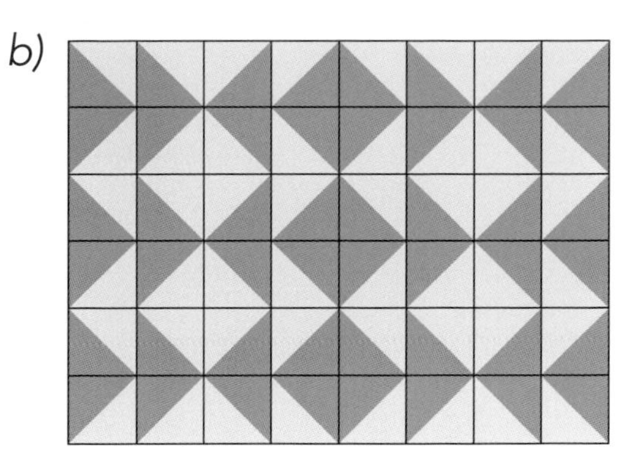

c)

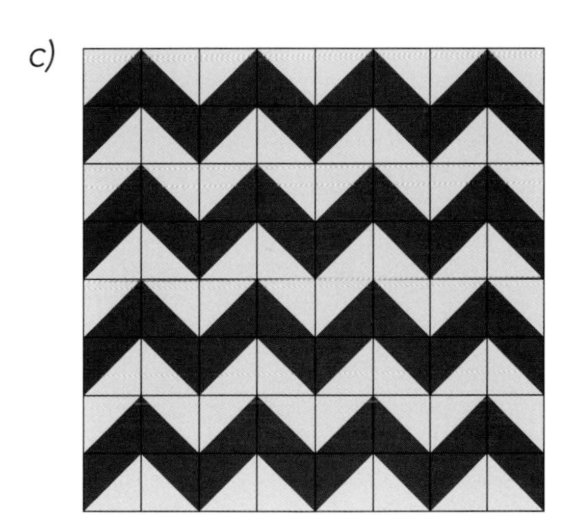

d)

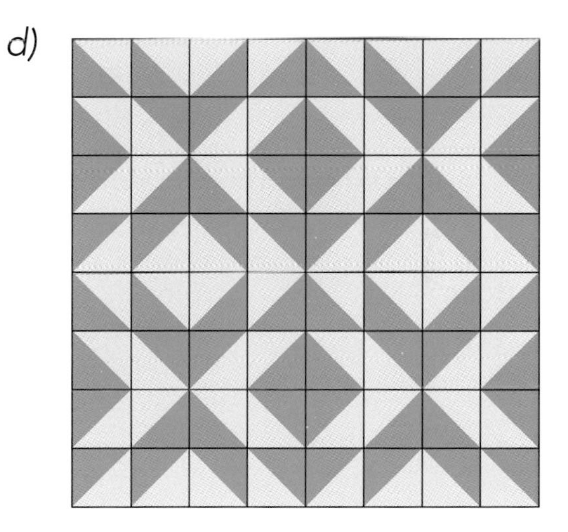

3 Sébastien Truchet avait observé ceci : pour couvrir une surface, on peut créer une infinité de motifs en assemblant des carreaux de 2 couleurs séparés par une ligne diagonale. Es-tu d'accord avec lui ?

Mot à mot

p. 46

Aire — Mesure associée à l'étendue d'une surface.
Exemples:

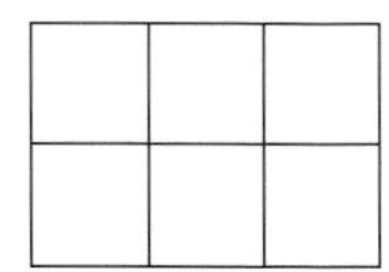

L'aire du rectangle est de 6 carrés-unités.

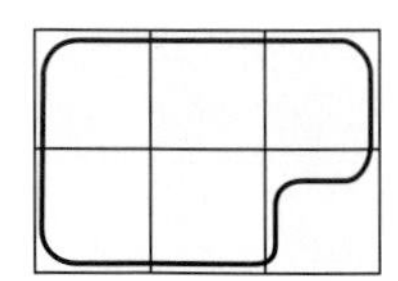

L'aire de la figure est entre 4 et 6 carrés-unités.

Approximation — Valeur proche d'un nombre donné ou du résultat d'une opération. *Exemples:*

- Il y avait près de 30 personnes.
- Pour calculer approximativement 137 + 204, on pourrait faire 140 + 200 = 340.
  Le nombre 340 est une approximation de 137 + 204.

Arête — Ce qui délimite la rencontre de deux faces.
Dans un polyèdre, les arêtes sont toujours droites.
Dans un solide, elles peuvent aussi être courbes.

p. 92

Axe de réflexion — Ligne droite à partir de laquelle on effectue une réflexion.

Base — Voici les caractéristiques qui permettent de reconnaître la base d'un solide:

- La base d'un prisme rectangulaire est la face sur laquelle le prisme repose. *Exemples:*

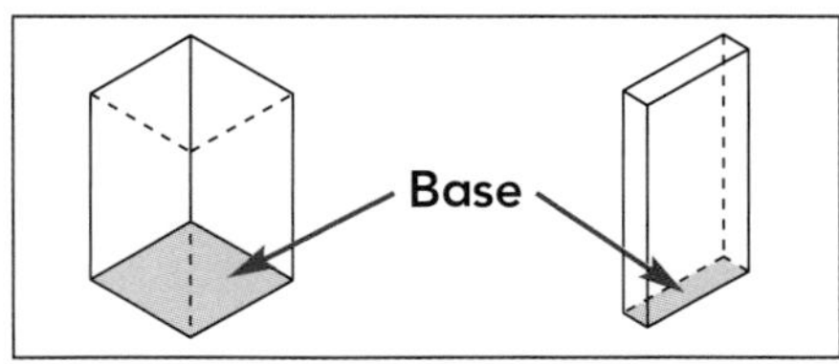

- La base d'un prisme non rectangulaire est l'une des deux faces qui n'ont pas quatre côtés. *Exemples:*

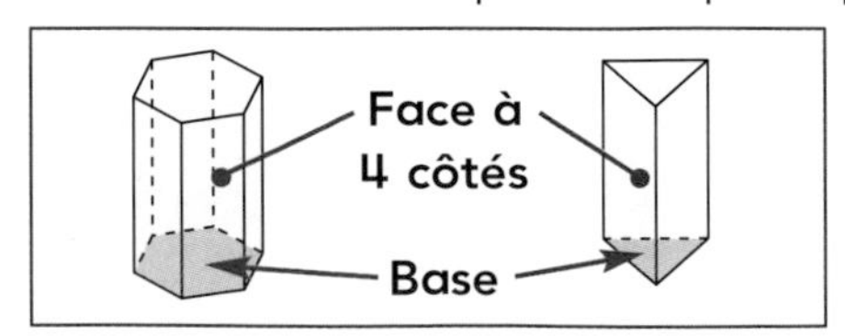

- La base d'une pyramide est la face qui ne passe pas par le point de rencontre des autres faces. *Exemple:*

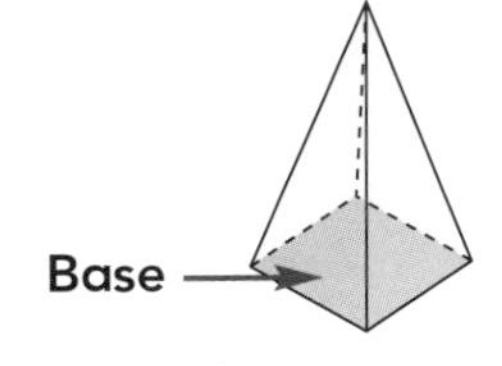

- La base d'un cône est la partie plane de sa surface. *Exemple:*

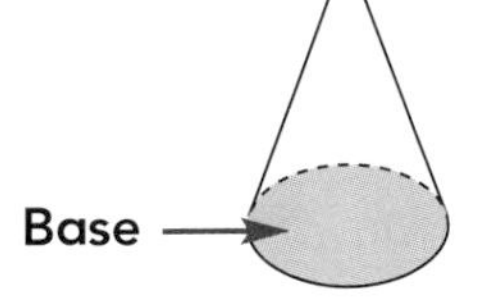

Boule Solide de la famille des corps ronds. Sa surface est entièrement courbe. *Exemple:*

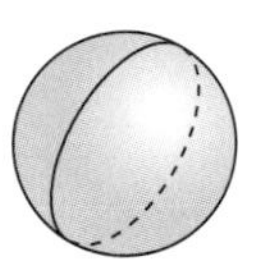

Centimètre Unité de mesure de longueur du système international d'unités. Le symbole est « cm ».

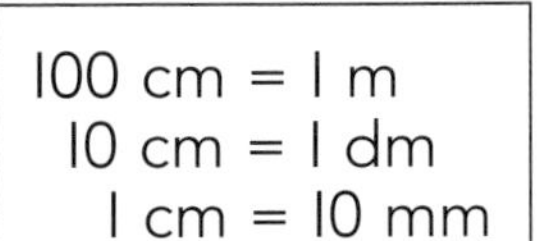

100 cm = 1 m
10 cm = 1 dm
1 cm = 10 mm

Chiffre Symbole utilisé pour écrire des nombres. Les chiffres 0, 1, 2, 3, 4, 5, 6, 7, 8 et 9 sont les dix symboles de notre système de numération. *Exemples:*

- Le nombre 15 s'écrit à l'aide des chiffres 1 et 5.
- Le nombre 4 s'écrit à l'aide du chiffre 4.

Concave Propriété d'une figure plane ou d'un solide. Une figure plane ou un solide est concave si, en joignant deux points de la frontière ou de la surface, on trouve au moins une ligne droite qui soit totalement ou en partie à l'extérieur de la figure ou du solide. Contraire de convexe. *Exemples:*

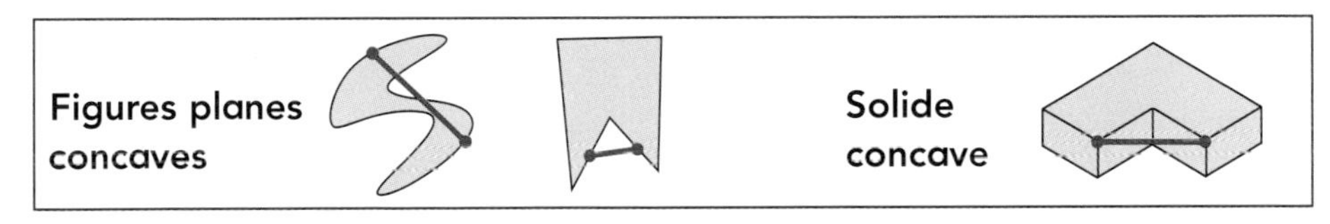

Cône Solide de la famille des corps ronds. Il possède une surface courbe et une base qui peut être circulaire ou non. *Exemples:*

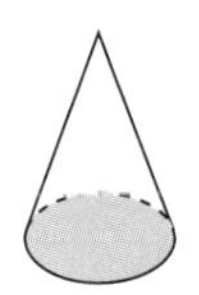
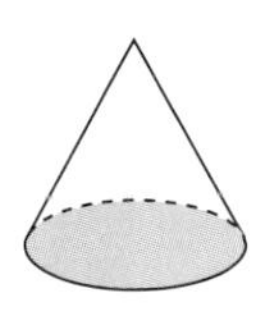

Congru Deux côtés sont congrus ou deux angles sont congrus si leurs mesures sont égales.

Convexe

Propriété d'une figure plane ou d'un solide.
Une figure plane ou un solide est convexe si en joignant deux points de la frontière ou de la surface, on ne trouve pas de ligne droite qui soit à l'extérieur de la figure ou du solide. Contraire de concave. *Exemples :*

Figures planes convexes

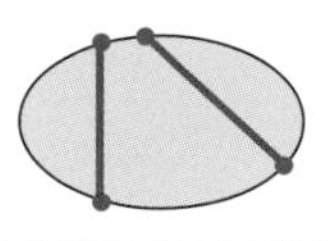

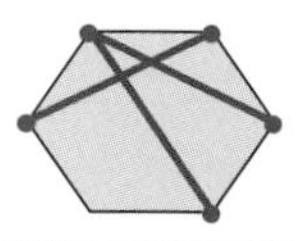

Solide convexe

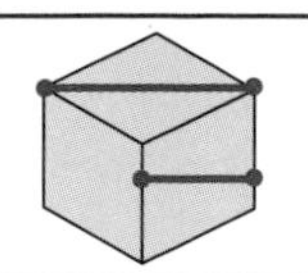

Coordonnées

Éléments qui déterminent la position d'un objet dans le plan à partir d'un système de repérage donné.

Corps rond

Solide dont une partie de la surface ou toute la surface est courbe. *Exemples :*

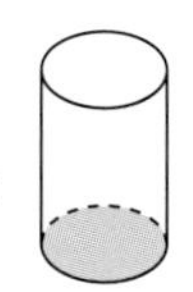

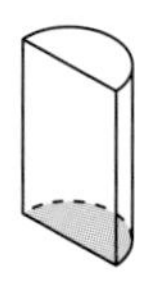

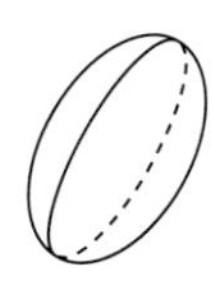

Côté

Segment de droite qui compose un polygone. *Exemple :*

Le carré a quatre côtés de même longueur.

Croissant (ordre)

Façon de placer les nombres ou les objets du plus petit au plus grand, en commençant par la gauche. *Exemples :*

2, 6, 10, 15

Dallage

Façon de recouvrir une surface donnée avec des polygones sans laisser d'espace entre eux et sans qu'ils se couvrent l'un l'autre.

Décimètre

Unité de mesure de longueur du système international d'unités.
Le symbole est « dm ».

10 dm = 1 m
1 dm = 10 cm
1 dm = 100 mm

: 1 dm

: 1 cm

p. 18

Décomposition Façon de représenter un nombre à l'aide de l'addition, de la multiplication ou des deux à la fois.

Décroissant (ordre) Façon de placer les nombres ou les objets du plus grand au plus petit, en commençant par la gauche. *Exemples :*

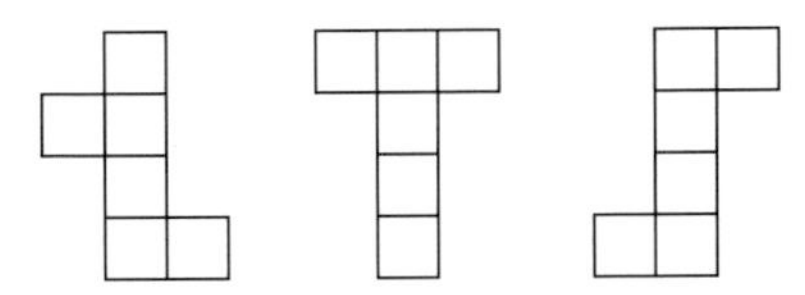

Développement Façon de présenter à plat toutes les faces d'un polyèdre de manière à ce qu'au moins deux faces se touchent. *Exemples :* Quelques développements du cube.

Diagramme à ligne brisée Diagramme où chaque information numérique est représentée par un point. En reliant tous les points par des lignes droites, on obtient une ligne brisée. *Exemple :*

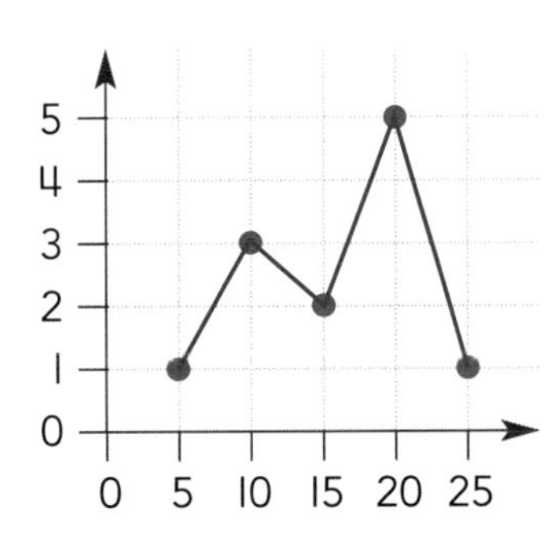

Différence Résultat d'une soustraction de deux nombres.

p. 107 à 109

Division Opération entre deux nombres. Le symbole est $\div$.

Dizaine de mille Cinquième position dans un nombre. Aussi, quatrième groupement fait en suivant la règle de 10.

1 dizaine de mille = 10 000 unités
1 dizaine de mille = 1000 dizaines
1 dizaine de mille = 100 centaines
1 dizaine de mille = 10 unités de mille

Égalité Relation entre deux expressions mathématiques qui représentent le même nombre. Le symbole d'égalité est $=$.

Équation — Égalité présentant au moins un terme manquant. *Exemples :*

■ + 6 = 10 7 + 8 = ■ 15 – ■ = 5

Face — Chacun des polygones qui délimitent un polyèdre. *Exemple :*

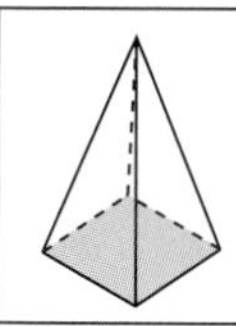

Une pyramide à base carrée a quatre faces triangulaires et une face carrée.

p. 92

Figure symétrique — Figure sur laquelle on peut tracer au moins un axe de réflexion.
Exemples :

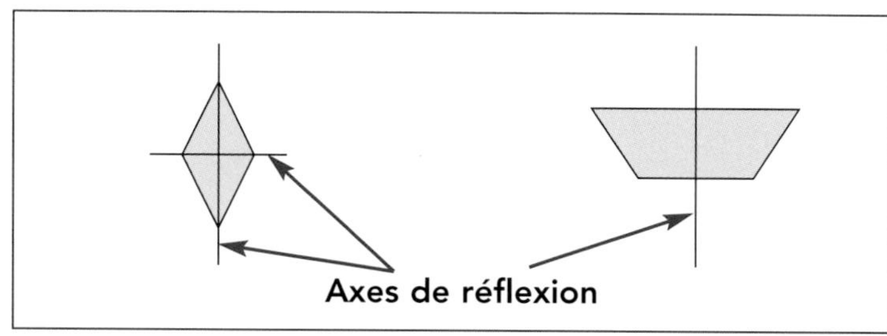

p. 51

Fraction — Façon d'écrire certains nombres en les représentant par deux nombres écrits un au-dessus de l'autre et séparés par une barre.
Exemples : $\frac{1}{4}$ se prononce « un quart » ;

$\frac{2}{3}$ se prononce « deux tiers ».

Inégalité — Relation entre deux expressions mathématiques qui ne représentent pas le même nombre.
Les symboles d'inégalité sont $<$ et $>$.

Mètre — Unité de mesure de longueur du système international d'unités.
Le symbole est « m ».

1 m = 1000 mm
1 m = 100 cm
1 m = 10 dm

Millimètre Unité de mesure de longueur du système international d'unités. Le symbole est « mm ».

1000 mm = 1 m
100 mm = 1 dm
10 mm = 1 cm

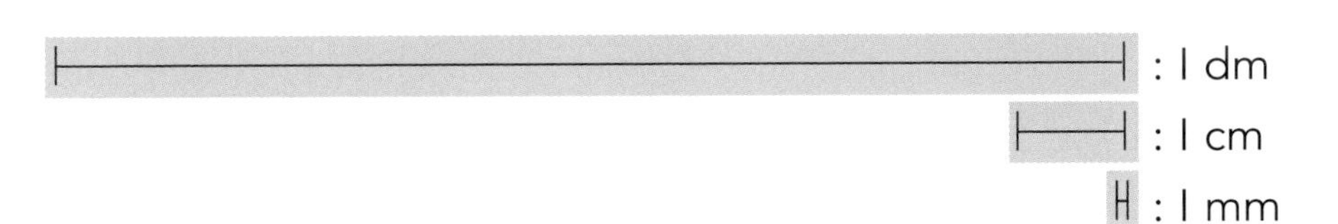

Multiple Un multiple d'un nombre s'obtient en multipliant ce nombre par un autre nombre naturel.
Exemples : 12 est un multiple de 4, car $4 \times 3 = 12$.
32 est un multiple de 4, car $4 \times 8 = 32$.

Multiplication Opération entre deux nombres.
Le symbole de la multiplication est x.
Le résultat d'une multiplication est appelé « produit ».

Nombre carré Nombre qu'on peut représenter par un carré.
La suite des nombres carrés est 1, 4, 9, 16, 25...
Exemple : 9 est un nombre carré. ● ● ● / ● ● ● / ● ● ●

Nombre décimal Nombre composé d'une partie entière et d'une partie décimale séparées par une virgule. La partie entière du nombre décimal peut s'écrire à l'aide de 1 et des multiples de 10 (10, 100, 1000, etc.). La partie décimale peut s'écrire à l'aide des fractions $\frac{1}{10}$, $\frac{1}{100}$, $\frac{1}{1000}$, etc.

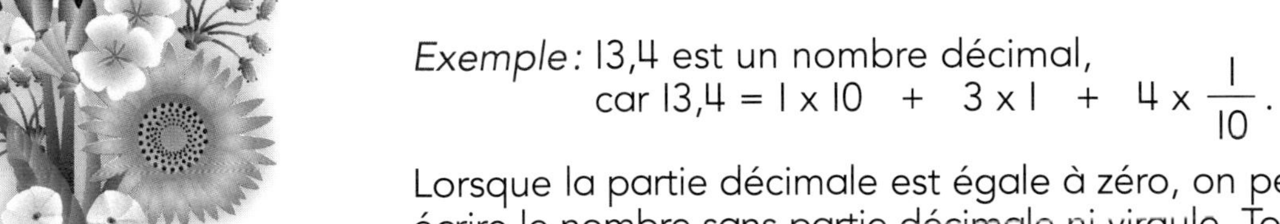

Exemple : 13,4 est un nombre décimal,
car $13{,}4 = 1 \times 10 + 3 \times 1 + 4 \times \frac{1}{10}$.

Lorsque la partie décimale est égale à zéro, on peut simplement écrire le nombre sans partie décimale ni virgule. Tous les nombres naturels sont donc aussi des nombres décimaux.
Exemples : 5 et 156 sont des nombres décimaux, car ils peuvent aussi s'écrire 5,0 et 156,0.

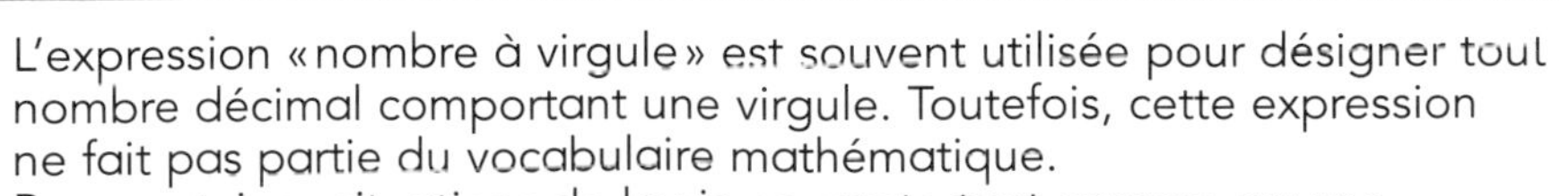

L'expression « nombre à virgule » est souvent utilisée pour désigner tout nombre décimal comportant une virgule. Toutefois, cette expression ne fait pas partie du vocabulaire mathématique.
Pour certaines situations de la vie courante tout comme sur une calculatrice, la virgule est souvent remplacée par un point.

Nombre premier Nombre naturel supérieur à 1 qui est le produit de deux nombres naturels seulement.
Exemples :
5 est un nombre premier, car 5 = 1 x 5 ou 5 = 5 x 1 seulement.
13 est un nombre premier, car 13 = 1 x 13 ou 13 = 13 x 1 seulement.
9 n'est pas un nombre premier, car 9 = 1 x 9 ou 9 = 9 x 9 ou 9 = 3 x 3.
12 n'est pas un nombre premier, car 12 = 3 x 4 ou 12 = 2 x 6, etc.

Nombre triangulaire Nombre qu'on peut représenter par un triangle.
Exemples :

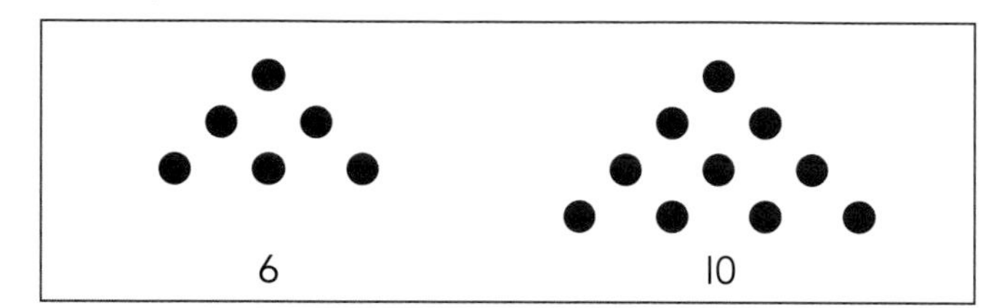

Opérateur Regroupement d'un symbole d'opération et d'un nombre qui indique ce qu'il faut faire subir à un premier nombre pour obtenir le résultat de l'opération. *Exemple :*

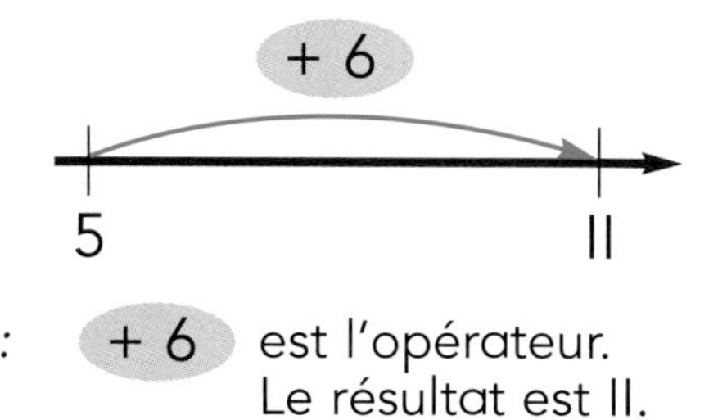

+ 6 est l'opérateur.
Le résultat est 11.

p. 44

Périmètre Longueur de la frontière d'une figure plane fermée.

Polyèdre Solide géométrique dont toutes les faces sont planes.
Un polyèdre est régulier si toutes les faces sont identiques.
Exemples :

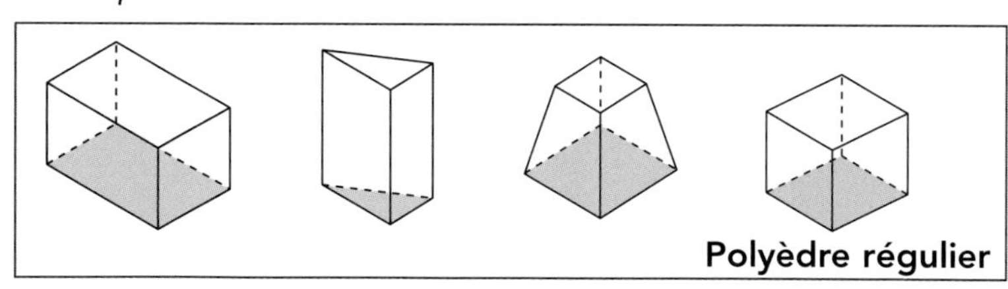

Polygone Figure plane formée d'une ligne brisée fermée. *Exemples :*

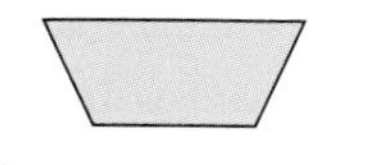
Polygone à 4 côtés

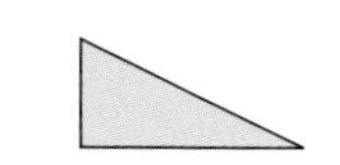
Polygone à 3 côtés

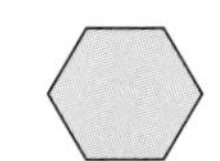
Polygone à 6 côtés

Position Rang de chaque chiffre dans un nombre, à partir de la droite.
Chaque position porte un nom :

- 1re position : les unités
- 2e position : les dizaines
- 3e position : les centaines
- 4e position : les unités de mille

Exemple :
Dans le nombre 136, le chiffre 1 est à la troisième position ou à la position des centaines.

Prisme Polyèdre composé de deux figures identiques reliées entre elles par des quadrilatères.

- Si les quadrilatères sont des rectangles, le prisme est droit.
  Exemples :

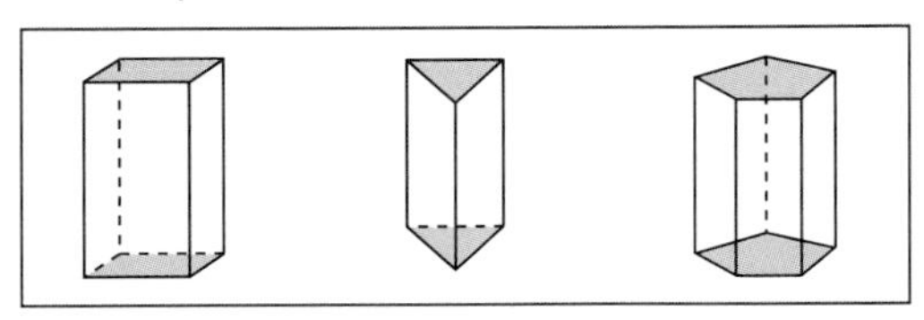

- Si les quadrilatères sont des parallélogrammes, le prisme est oblique. *Exemples :*

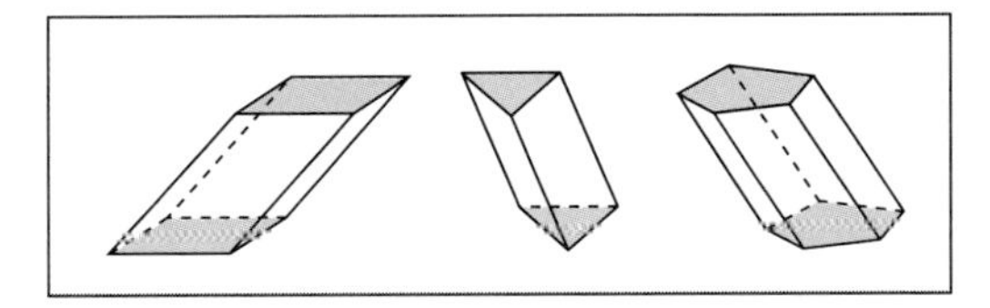

Produit Résultat de la multiplication de deux nombres.

Pyramide Solide géométrique composé d'au moins trois triangles qui se rencontrent en un sommet commun et d'un polygone, la base, en contact avec tous les triangles. *Exemples :*

Pyramide à base rectangulaire — **Base** — **Pyramide à base pentagonale**

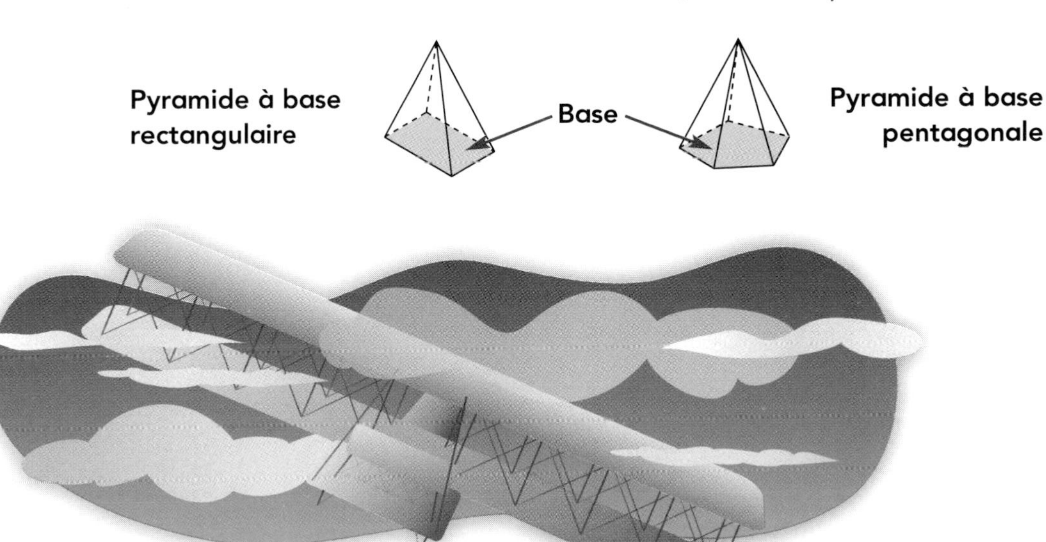

Quadrilatère Polygone à quatre côtés. *Exemples:*

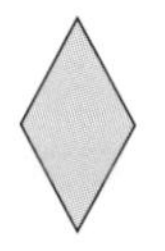

Carré **Rectangle** **Losange**

Réflexion Transformation qu'on fait subir à une figure donnée par rapport à un axe pour obtenir une image retournée de cette figure. *Exemple:*

Solide Objet réel à trois dimensions.

Somme Résultat d'une addition de deux ou de plusieurs nombres.

Sommet Dans un polygone, point de rencontre de deux côtés. Dans un solide, point de rencontre de deux ou de plusieurs arêtes.

Sphère Enveloppe extérieure de la boule.

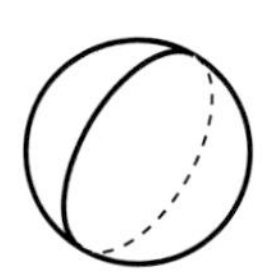

Suite (de nombres) Ensemble de nombres placés dans un ordre qui obéit à une règle.

Exemple: 2, 7, 12, 17, 22, 27 sont ordonnés selon la règle suivante: ajouter 5 au nombre précédent.

Terme Chacun des nombres d'une addition ou d'une soustraction.
Exemples:

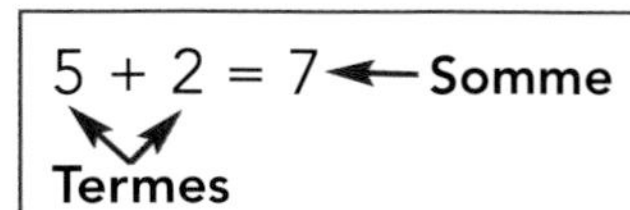

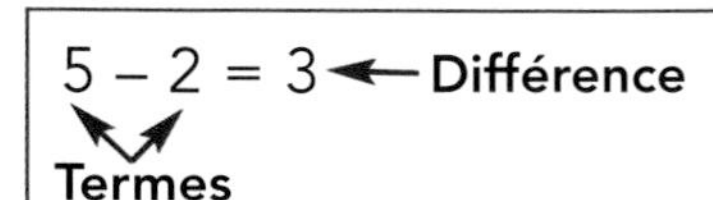

Terme manquant Nombre qu'il faut trouver dans une équation pour la transformer en une égalité.
Exemple : Dans l'équation 12 = ■ + 4, le terme manquant est 8, puisque 12 = 8 + 4

Unité de mille Quatrième position dans un nombre. Aussi, troisième groupement fait en suivant la règle de 10.

1 unité de mille = 1000 unités
1 unité de mille = 100 dizaines
1 unité de mille = 10 centaines

Valeur de position Valeur d'un chiffre dans un nombre selon la position qu'il occupe dans ce nombre. Plus le chiffre occupe une position élevée, plus sa valeur est grande. *Exemples :*

Nombre	Valeur du chiffre 5	Valeur du chiffre 8	Valeur du chiffre 2	Décomposition du nombre selon la valeur de position
582	500	80	2	582 = 500 + 80 + 2
825	5	800	20	825 = 800 + 20 + 5

p. 126

Volume Mesure associée à l'espace occupé par un solide.
Exemple :

Le volume de ce prisme à base carrée est de 36 cubes-unités.

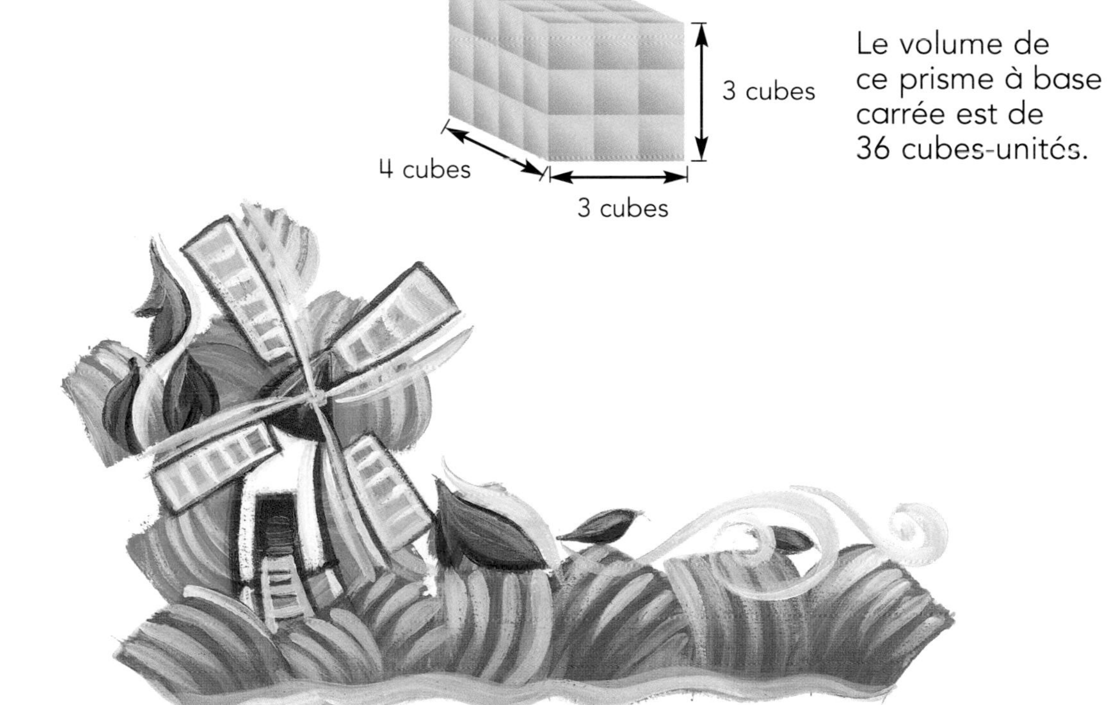

Bibliosciences

Table des matières

Les inventions

Les arts visuels

Les inventions

…
j'invente
un parapluie mécanique,
une locomotive de poche,
un merle blanc à vapeur
et puis
un piano qui s'envole aussi
et toi
qu'est-ce que tu inventes?

JACQUELINE HELD
Extrait du poème *Je suis un inventeur.*

Coup de chapeau : Léonard de Vinci

1400	1452 Naissance de Léonard de Vinci	1500	1600	1700	1800	1900	1907 Naissance de Joseph-Armand Bombardier	2000

Léonard de Vinci est né en Italie, en 1452, dans la petite ville de Vinci.

Enfant curieux, il adorait observer la nature et étudier toutes sortes de sujets. Il emportait toujours avec lui un carnet dans lequel il prenait des notes. Il illustrait ses pensées et ses observations par de magnifiques dessins.

Portrait de Léonard de Vinci, 7 ans avant sa mort.

La Joconde

Léonard étudia la sculpture et la peinture. Il devint un artiste très célèbre. Ses principales œuvres sont *La Cène*, une vaste peinture murale, et *La Joconde*.

Léonard de Vinci était aussi un grand inventeur. Il a imaginé des centaines de machines et d'objets nouveaux : un parachute, un sous-marin, un scaphandre, une bicyclette, un char d'assaut, une grue élévatrice, une automobile, etc. Mais le grand rêve de Léonard de Vinci était de voler. Il dessina plusieurs machines volantes après avoir observé attentivement le vol des oiseaux. Malheureusement, la plupart de ses inventions n'ont jamais été fabriquées puisque la technologie de l'époque n'était pas assez avancée.

Dessin d'une aile.

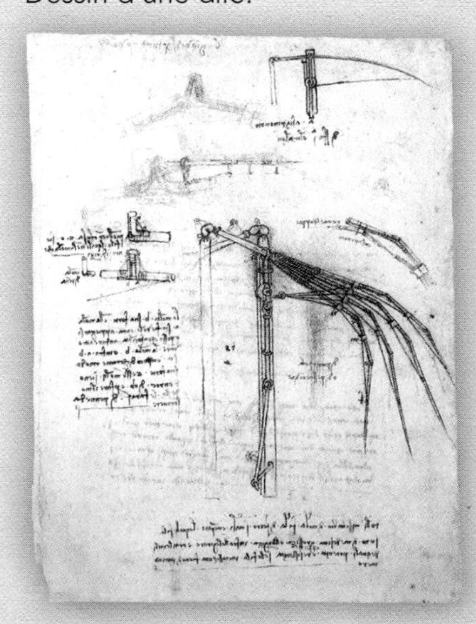

Sur les traces de Léonard de Vinci

Joseph-Armand Bombardier est né à Valcourt en 1907. Il avait lui aussi un rêve: fabriquer un véhicule capable de transporter les gens sur la neige.

Joseph-Armand Bombardier

À l'âge de 15 ans, il installe un moteur à hélice à l'arrière d'un traîneau. Il réussit à parcourir plus de 1 kilomètre sur la neige avec ce véhicule!

Sa première invention: un traîneau à hélice.

En 1936, Joseph-Armand Bombardier lance sa première autoneige: la B-7. Plus tard, il transforme son garage en usine et vend des dizaines d'autoneiges à des commerçants, des médecins, etc.

Jusqu'à sa mort, en 1964, Joseph-Armand Bombardier fabriquera bien d'autres véhicules à chenilles, dont la motoneige. Sa compagnie poursuit aujourd'hui le travail de l'inventeur. Elle perfectionne et construit toutes sortes de modèles de motoneiges, de motomarines, de trains, de wagons de métro et d'avions.

Sa première autoneige: la B-7.

Les pionniers de l'aviation

Les humains ont toujours voulu voler. Plusieurs inventeurs ont tenté de fabriquer des machines capables d'imiter le vol des oiseaux. Tous poursuivent le même objectif : être le premier à s'envoler dans les airs avec son appareil !

1492

Léonard de Vinci crée l'ornithoptère, une machine volante dont il dessine plusieurs modèles. C'est le pilote qui fait battre les ailes de la machine en pédalant. Cet engin n'aurait jamais pu voler, car il était trop lourd.

1783

L'être humain s'élève dans les airs pour la première fois à bord d'un ballon gonflé à l'air chaud, fabriqué par les frères Montgolfier.

Ce premier vol dure 23 minutes et couvre une distance de 8 kilomètres.

1853

George Cayley construit un planeur qui soulève, sur plusieurs centaines de mètres, son cocher terrifié. Ce planeur, qui ressemble à un cerf-volant, est le premier engin plus lourd que l'air à être construit.

1891

Otto Lilienthal réalise les premiers vols planés et contrôlés de l'histoire. Il fabrique un grand nombre de planeurs qu'il peut diriger à l'aide des mouvements du corps.

1890

Clément Ader fait décoller une machine propulsée par un moteur. Il est le premier à réaliser un tel exploit. Son engin, l'*Éole*, a la forme d'une chauve-souris et pèse 300 kilogrammes. Au cours de ce décollage, il effectue un bond de 50 mètres à 20 centimètres du sol.

1903

Les frères Orville et Wilbur Wright réalisent le premier vol motorisé et contrôlé de l'histoire à bord du *Flyer I*. Leur avion vole pendant 12 secondes sur une distance de 40 mètres, à 3 mètres au-dessus du sol.

Les propriétés de l'air

L'air est essentiel à la vie des humains, des animaux et des plantes. L'air occupe de l'espace et est présent partout autour de nous. L'air est inodore et incolore. Par contre, on peut sentir sa présence quand il y a du vent ou quand on se déplace rapidement.

L'air est un mélange de plusieurs gaz. Ce bouquet de ballons montre les proportions des différents gaz présents dans l'air :

Le vent, c'est de l'air en mouvement. Les voiliers utilisent la force du vent pour se déplacer sur l'eau.

Sans air, il n'y aurait pas de son. La voix, par exemple, est produite par l'air des poumons qui passe entre les cordes vocales et les fait vibrer. Ces vibrations se transmettent à l'air et parviennent jusqu'à l'oreille.

L'air chaud est plus léger que l'air froid. C'est ce qui permet aux montgolfières de s'élever dans les airs. Dès que l'air à l'intérieur du ballon se refroidit, la montgolfière redescend.

L'air est un élément qu'on peut comprimer, écraser. L'air comprimé sert à gonfler des pneus, des ballons, etc.

L'air peut parfois gêner le mouvement de certains objets. Par exemple, lorsqu'on circule à vélo ou même à pied, le vent offre une résistance à notre déplacement.

La pression de l'air

L'air qui entoure la Terre pèse assez lourd. C'est pourquoi il exerce une pression sur les objets et les êtres vivants. Cette force, appelée « pression atmosphérique », s'exerce de façon uniforme dans toutes les directions.

Pourquoi la ventouse colle-t-elle à une surface plane ?
Lorsqu'on exerce une pression sur une ventouse, on chasse l'air qui se trouve sous celle-ci. La pression de l'air est alors plus grande à l'extérieur qu'à l'intérieur de la ventouse.

Pourquoi le carton reste-t-il collé au verre ?
Après avoir déposé un carton sur un verre contenant de l'eau colorée, on a retourné le verre. Le carton est resté collé comme par magie au verre. C'est parce que la pression de l'air s'exerce aussi bien vers le haut que vers le bas.

Pourquoi le liquide monte-t-il dans la paille ?
Lorsqu'on aspire un liquide dans une paille, la pression à l'intérieur de la paille diminue. Pour combler cette dépression, l'air extérieur presse sur la surface du liquide et celui-ci monte.

Les ailes d'avion

Même s'ils sont plus lourds que l'air, les avions peuvent s'envoler grâce au profil de leurs ailes.

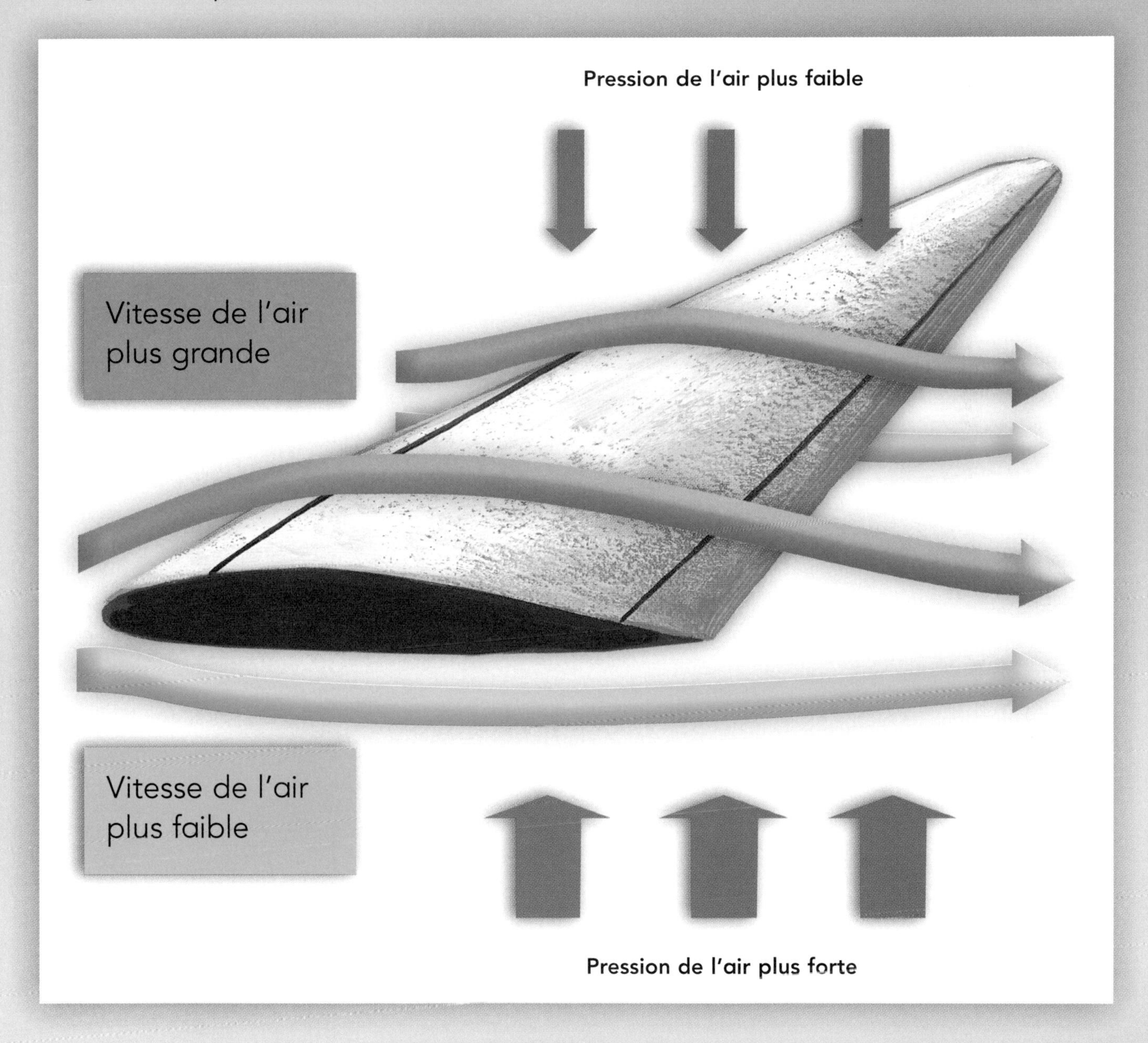

Le dessus d'une aile d'avion est légèrement bombé. L'air doit donc parcourir un chemin plus long au-dessus de l'aile qu'au-dessous. Sa vitesse est alors plus grande et il exerce une pression moins forte. C'est ce qui permet à l'avion de prendre son envol. On appelle **portance** la force produite par le mouvement de l'air autour des ailes des avions.

Les forces en aviation

Un avion en vol est soumis à 4 grandes forces.

- La **poussée** : force fournie par les moteurs et qui fait avancer l'avion.
- La **traînée** : force de résistance produite par l'air qui frotte sur les ailes et le fuselage de l'avion.
- La **portance** : force exercée vers le haut et créée par le mouvement de l'air autour des ailes de l'avion.
- La **gravité** : force d'attraction de la Terre qui agit vers le bas.

Portance

Traînée

Poussée

Gravité

Lorsque l'avion est en vol, la poussée est plus forte que la traînée. C'est la poussée qui fait donc avancer l'avion. De la même façon, la portance des ailes compense la masse de l'appareil.

Les différentes parties d'un avion

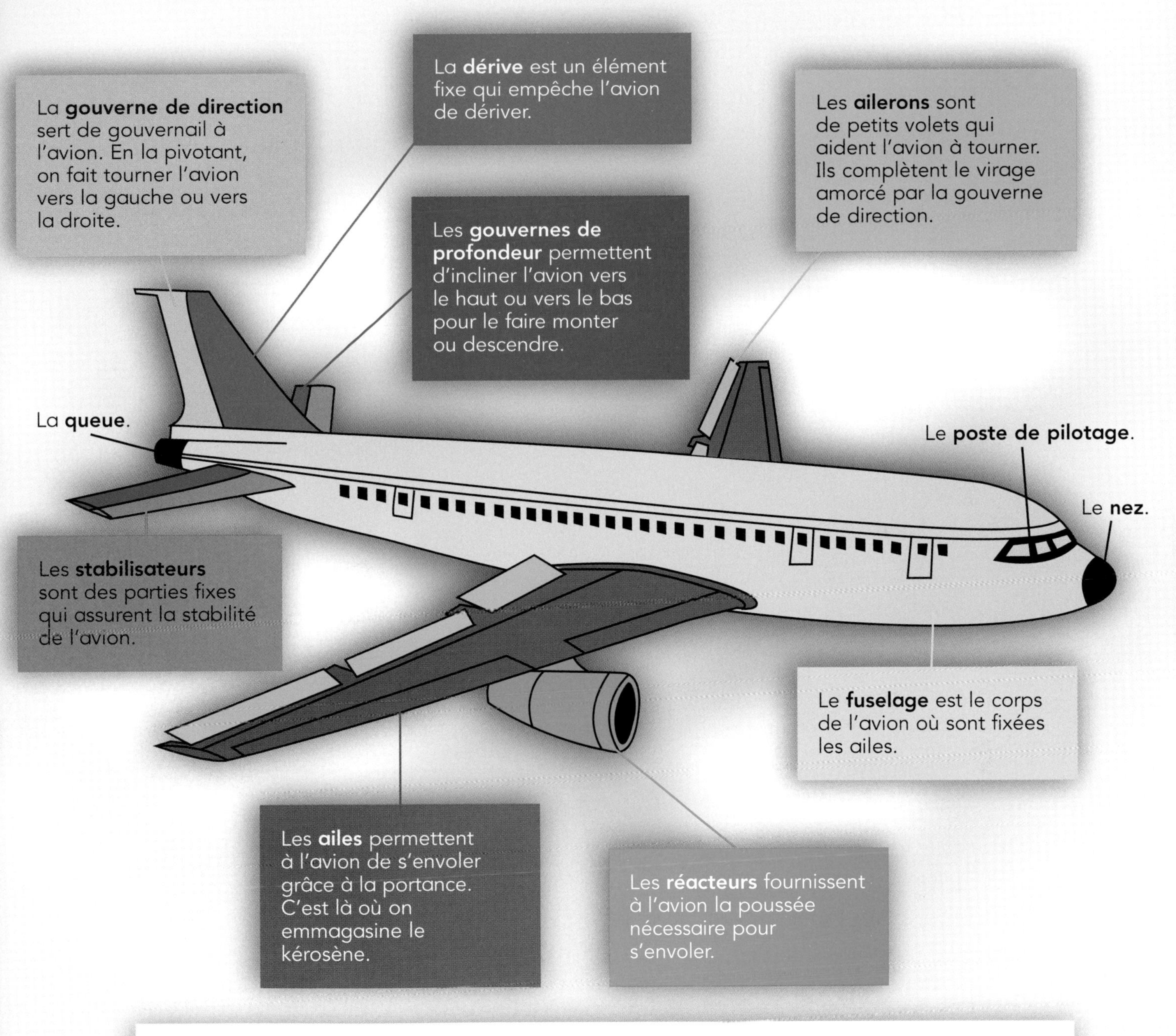

Les avions sont dirigés au moyen de 3 gouvernes, toutes mobiles : la gouverne de direction, les gouvernes de profondeur et les ailerons. Certains avions, comme le *Concorde*, ne possèdent pas de gouvernes de profondeur. Ce sont les ailerons qui jouent ce rôle. Les ailerons sont alors appelés les « élevons ».

Élevons

Des ailes adaptées à chaque vol

La forme des ailes des oiseaux, de certains animaux et des avions détermine leur façon de voler. Contrairement aux avions, les oiseaux peuvent modifier la forme et toute la surface de leurs ailes.

Les deltaplanes et les chauves-souris ont des ailes constituées d'une membrane épaisse et robuste étalée sur une charpente. Ces ailes permettent des vols à faible vitesse.

Les planeurs et les albatros ont une silhouette identique. Leurs longues ailes étroites sont conformées pour le vol plané. Les albatros sont les meilleurs planeurs naturels. Ils peuvent planer très longtemps sans battre une seule fois des ailes. L'envergure de leurs ailes peut atteindre plus de 3 mètres.

Grâce à leurs grandes ailes robustes, les avions de ligne et les cigognes peuvent porter dans les airs leur masse élevée.

Certains avions de chasse ont des ailes à géométrie variable, c'est-à-dire que leur forme peut être modifiée.
Ils peuvent alors descendre en piqué, à la manière du faucon pèlerin qui replie ses ailes quand il effectue ce type de vol.

Les machines simples

Le levier

Le levier est la plus répandue des machines simples. La plupart des appareils et des outils se composent de leviers.

Un levier est constitué d'une pièce rigide (comme un bâton ou une barre de fer) qui pivote sur un point fixe. On appelle ce point fixe un «point d'appui». Lorsqu'il est en action, le levier est soumis en même temps à 2 forces qui s'opposent: l'effort et la résistance.

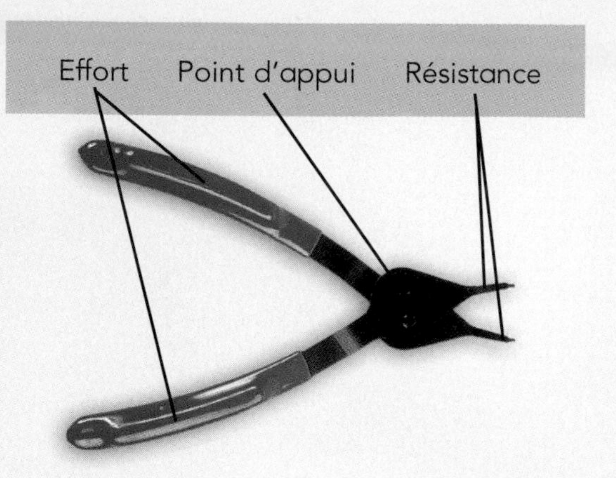

L'effort est exercé par la main qui serre la pince. La résistance est exercée par l'objet placé entre les mâchoires de lapince.

Il existe 3 genres de leviers. Ce qui distingue chaque genre, c'est l'endroit où s'exercent l'effort et la résistance par rapport au point d'appui. On utilise un genre de levier ou un autre selon le travail que l'on veut effectuer.

Le levier du premier genre

Le point d'appui est situé entre l'effort et la résistance.

Cet arrache-clou est un levier qui permet d'amplifier la force nécessaire pour retirer les clous d'un objet.

Résistance Point d'appui Effort

Ces ciseaux sont composés de 2 leviers du premier genre.

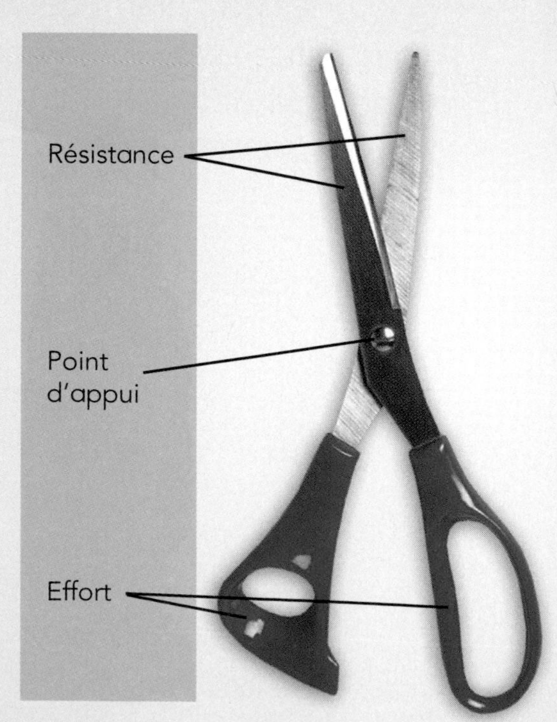

Le levier du deuxième genre

La résistance est située entre le point d'appui et l'effort.

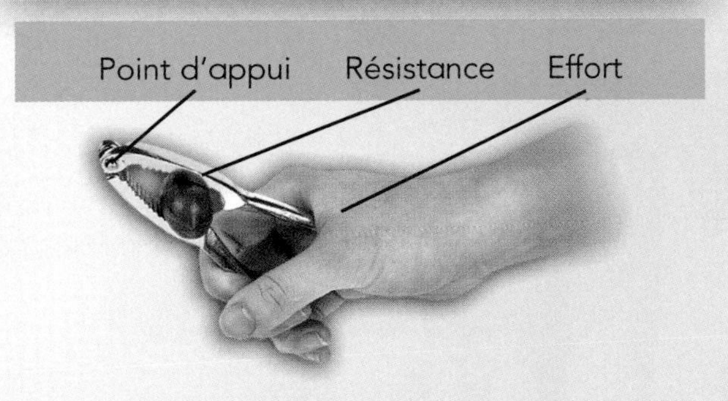

Ce casse-noix est composé de 2 leviers du deuxième genre.

La brouette nous permet de transporter facilement de lourdes charges.

Le levier du troisième genre

L'effort est situé entre le point d'appui et la résistance.

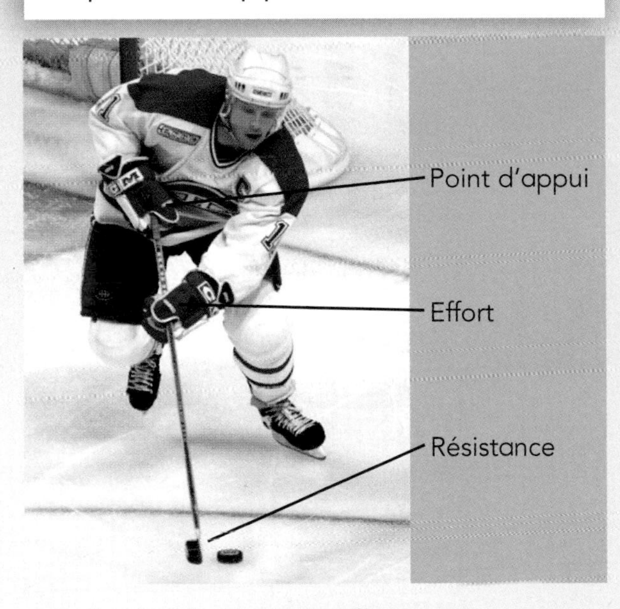

Au hockey, le plus gros effort ne consiste pas toujours à pousser la rondelle!

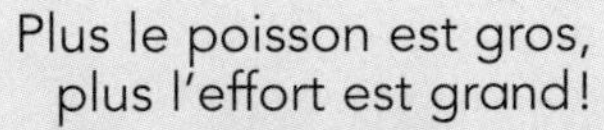

Plus le poisson est gros, plus l'effort est grand!

Comme le bras d'un humain, le bras d'une pelle mécanique est articulé à l'aide de différents genres de leviers.

Le plan incliné

Le plan incliné est constitué d'une surface en pente qui permet de faire glisser une charge vers le haut au lieu de la soulever directement.

En utilisant un plan incliné, on fournit moins d'effort pour déplacer un objet, puisque le plan incliné supporte une partie de la masse.

L'utilisation d'un plan incliné facilite à ce déménageur la montée et la descente des objets du camion.

Le plan incliné facilite aussi les déplacements vers le bas... et les rend amusants!

Il est plus facile de monter une pente douce qu'une pente raide, même si la hauteur à atteindre est la même.

Plus la pente du plan incliné est longue, plus la distance à parcourir par l'objet est grande. Par contre, l'effort à fournir pour déplacer cet objet est moindre.

La poulie

La poulie est constituée d'une roue qui tourne sur un axe et sur laquelle une corde est enroulée. Grâce aux poulies, les objets sont moins lourds à soulever ou à déplacer.

Selon l'arrangement de la poulie, on dit qu'elle est fixe ou mobile.

L'utilisation d'une seule poulie ne change pas l'effort à fournir pour soulever une charge. Par contre, dans le cas d'une poulie fixe, elle change la direction de cet effort. Au lieu de tirer la corde vers le haut, on la tire vers le bas, ce qui est parfois plus facile.

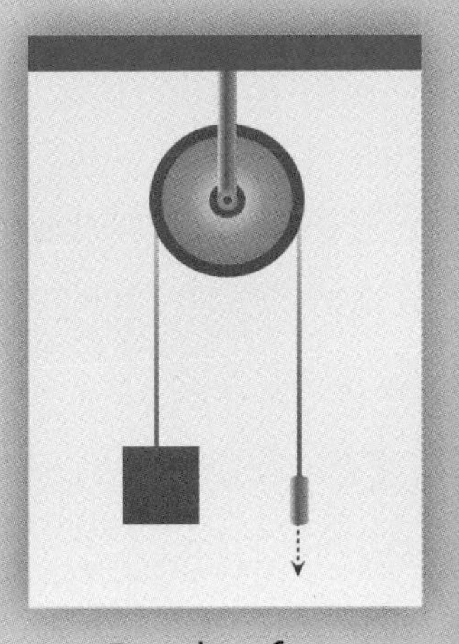

Poulie fixe

Poulie mobile

Afin de diminuer l'effort à fournir pour soulever une charge, il faut utiliser plus d'une poulie. Plus le nombre de poulies sera grand, plus l'effort à fournir sera petit.

Une corde à linge est constituée de 2 poulies reliées entre elles par une courroie. Ces poulies permettent de déplacer facilement la masse des vêtements suspendus sur la corde.

On utilise souvent des poulies sur les chantiers de construction. Elles aident à monter des matériaux lourds aux étages supérieurs des constructions.

La vis, le coin et la roue

Il existe 3 autres machines simples qui jouent un rôle fondamental en technologie.

La vis du tire-bouchon s'enfonce en tournant dans le bouchon. Lorsqu'elle ne peut plus descendre, c'est le bouchon qui monte !

La vis

La vis est un plan incliné enroulé en spirale autour d'un cylindre. Disposé de cette façon, le plan incliné occupe moins d'espace.

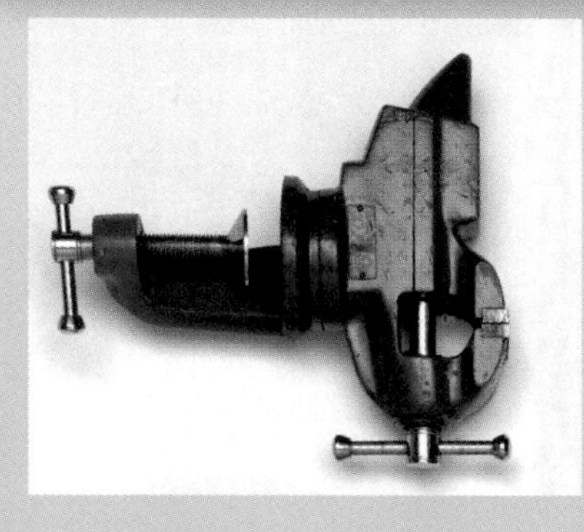

La vis de l'étau tourne, ce qui permet à la partie mobile de l'étau d'avancer.

Le coin

Le coin est un plan incliné mobile. Au lieu de pousser la charge le long du plan incliné, on fait avancer le coin à l'intérieur de la charge.

L'extrémité d'un clou est formée d'une grande quantité de coins.

La hache est un coin constitué d'une pièce de métal effilée à l'une de ses extrémités. Elle est très efficace pour fendre du bois.

La roue

La roue est un disque plat qui tourne autour d'un axe passant par son centre. Elle permet de déplacer des objets en diminuant le frottement entre ces objets et le sol, par exemple.

Les arts visuels

La plume permet l'écriture,
la couleur permet de la voir,
la lumière permet de la lire
et le papier permet
de la conserver.

Ainsi se forme un message.

Coup de chapeau : Louis et Auguste Lumière

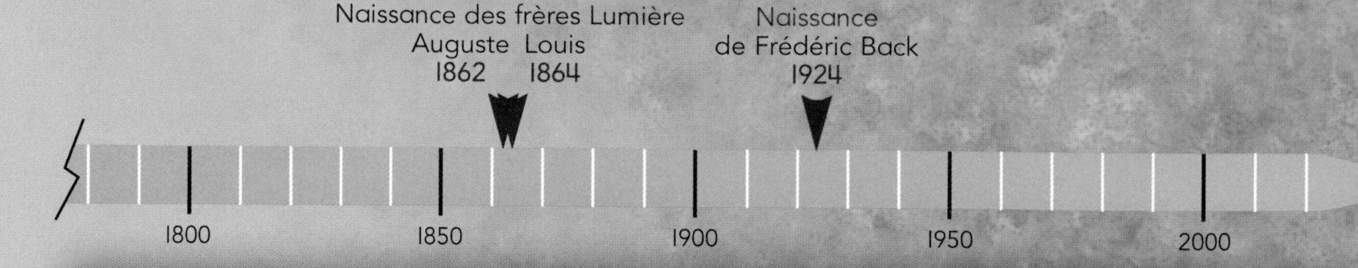

Les frères Louis et Auguste Lumière sont les fils d'un photographe et industriel français. La famille déménage à Lyon en 1870 et ouvre un studio de photographie. Elle fait fortune un peu plus tard grâce à l'invention d'une plaque photographique qui sera fabriquée aux nouvelles usines Lumière.

Auguste et Louis Lumière

Le cinématographe Lumière

Curieux et inventifs, les frères Lumière s'intéressent aux images animées, comme Thomas Edison, un autre pionnier de l'époque. En 1895, ils inventent le cinématographe Lumière, un appareil qui enregistre et projette des images animées. La caméra est née!

En décembre de la même année, des spectateurs étonnés assistent à la projection du premier film de l'histoire du cinéma: *La sortie des usines Lumière*.

Une scène célèbre du film *La sortie des usines Lumière* (1895).

Les frères Lumière ont produit 1425 «petites vues» au cours de leur existence. Ils ont aussi réalisé d'autres inventions et recherches dans le domaine de la photographie en couleurs, du cinéma en trois dimensions et même de la médecine.

Lumière… un nom prédestiné pour les inventeurs du cinéma!

Sur les traces des frères Lumière

Frédéric Back, un maître du cinéma d'animation

Frédéric Back est né en 1924. Il a vécu son enfance à Strasbourg, Paris et Rennes. Il arrive à Montréal en 1948 et enseigne alors à l'École des Beaux-arts. En 1952, il entre à la société Radio-Canada où il réalisera plusieurs films d'animation qui remporteront de prestigieux prix internationaux.

L'homme qui plantait des arbres est parmi ses films les plus connus. Il raconte la vie d'un berger qui décide de reboiser les hautes terres arides de sa région. Pendant 30 ans, envers et contre tout, il y plantera des centaines de milliers d'arbres… jusqu'à ce que la vie renaisse. Son film *Le Fleuve aux grandes eaux* est un hommage à la majesté du fleuve Saint-Laurent et à son histoire, ainsi qu'un appel à la protection de l'eau créatrice de vie.

Aujourd'hui, Frédéric Back contribue par son œuvre à sensibiliser les gens au respect de l'environnement, une cause qu'il défend depuis toujours et à laquelle il vous invite à participer.

Elzéar Bouffier, l'homme qui plantait des arbres. Image tirée du film *L'homme qui plantait des arbres*.

Différentes sortes de lumière

La lumière du jour, la lumière de la nuit

Le Soleil est l'astre du jour. C'est lui qui fournit la lumière naturelle et la chaleur. Sans lui, il n'y aurait pas de vie sur la Terre. Sans lui, la Lune serait invisible parce qu'elle est éclairée par ses rayons. Quand on voit seulement une partie de la Lune, c'est que l'autre partie est dans l'ombre produite par la Terre.

L'arc-en-ciel

Un arc-en-ciel se forme lorsque la lumière du Soleil passe à travers les gouttelettes d'eau dans le ciel. Chaque gouttelette agit comme un prisme qui décompose la lumière blanche en ses différentes couleurs. C'est ce que montre le schéma ci-dessous.

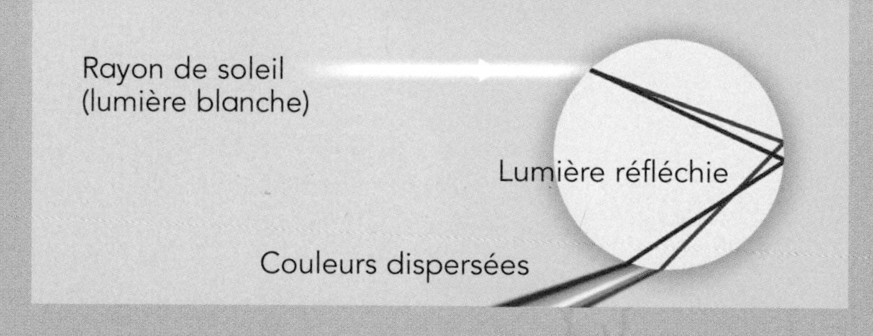

L'aurore boréale

On voit parfois dans le ciel nocturne des arcs de lumière qu'on appelle « aurores boréales ». Elles sont visibles quand des particules électrisées provenant du Soleil arrivent dans l'atmosphère.

La lumière produite par les êtres vivants

Certains animaux, comme la luciole et le poisson-lanterne, émettent une sorte de lumière froide. Cette lumière leur permet de communiquer entre eux ou d'attirer leurs proies.

Chez la luciole, c'est l'abdomen qui se colore en vert.

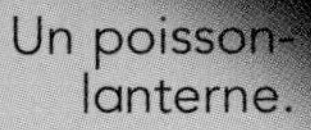

Un poisson-lanterne.

La lumière artificielle : l'électricité

L'ampoule brille quand un courant électrique chauffe un filament de tungstène. La lumière produite est une lumière blanche semblable à la lumière du jour.

Les tubes fluorescents et les néons ne contiennent pas de filament de métal comme l'ampoule électrique. C'est un gaz enfermé à l'intérieur du tube qui produit de la lumière quand l'électricité le traverse. La couleur de la lumière dépend de la sorte de gaz utilisé.

La ville de Hong Kong illuminée de néons en caractères chinois.

Différentes utilisations de la lumière artificielle

Les projecteurs de scène fournissent un éclairage multicolore. Chaque projecteur est muni d'un filtre coloré qui ne laisse passer que sa propre couleur de lumière.

Comme une lueur rassurante au bout de la nuit, les phares ont longtemps guidé les navigateurs. De nos jours, ces bâtiments sont peu à peu remplacés par de simples balises lumineuses fixées sur des structures métalliques.

Le phare Cap-des-Rosiers, à l'entrée du parc Forillon (Québec).

Les lampadaires de rues et les phares de cette voiture permettent une meilleure vision nocturne. On peut voir la lumière parce qu'elle est réfléchie par les gouttelettes d'eau qui forment le brouillard.

La couleur

Un nom pour chaque couleur

Observe bien cette palette de couleurs. Chacune d'elles porte un nom particulier qui t'aidera à l'identifier.

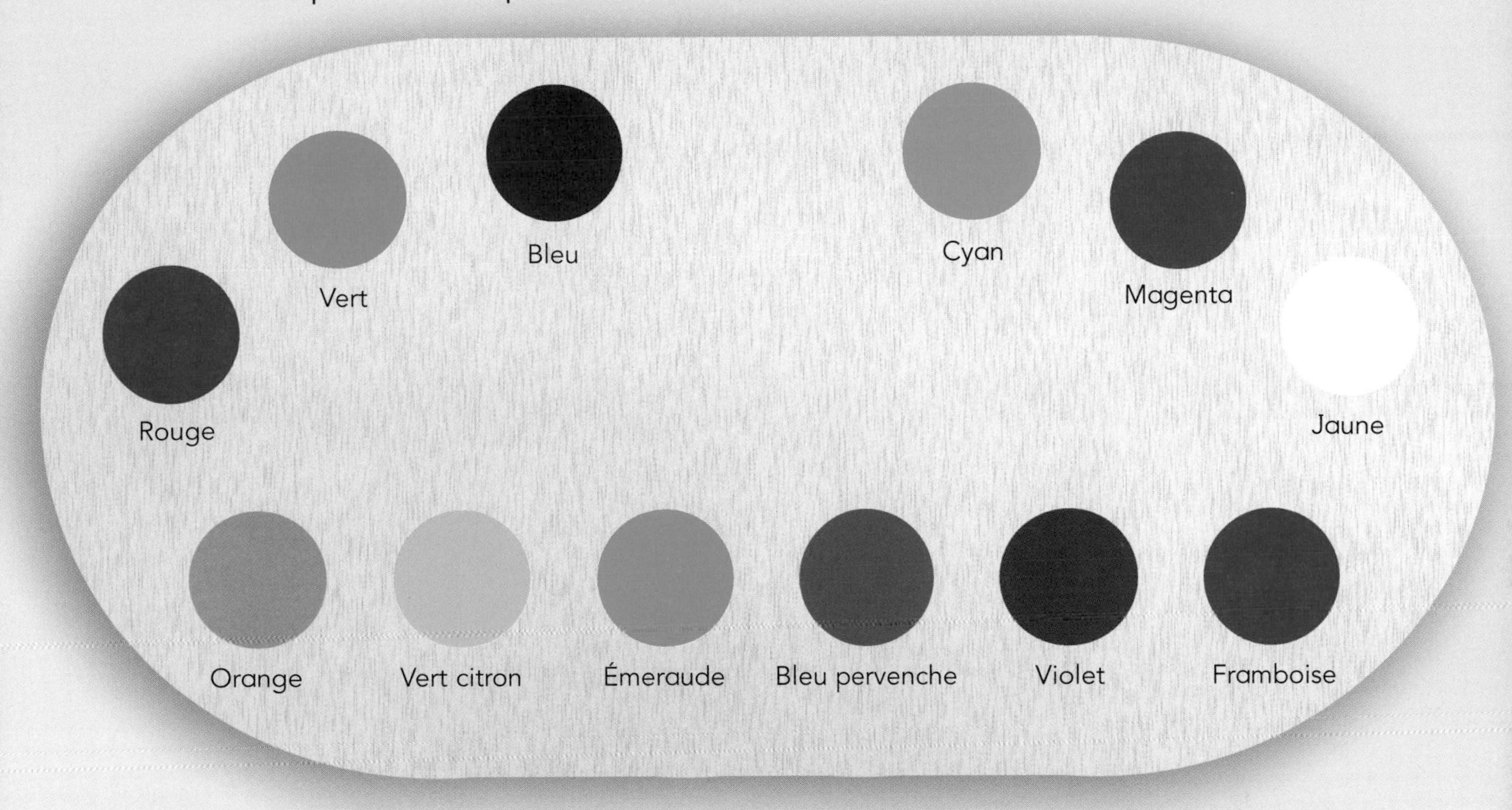

Le disque coloré de Newton

Isaac Newton est un savant anglais né en 1642.
Il a conçu un disque coloré (A) pour démontrer la composition de la lumière blanche. Lorsqu'on fait tourner ce disque très vite (B), l'œil ne perçoit plus les couleurs séparément.
Elles semblent s'additionner pour donner une nouvelle couleur, le beige. Si le disque pouvait tourner plus vite, sa couleur se rapprocherait du blanc.

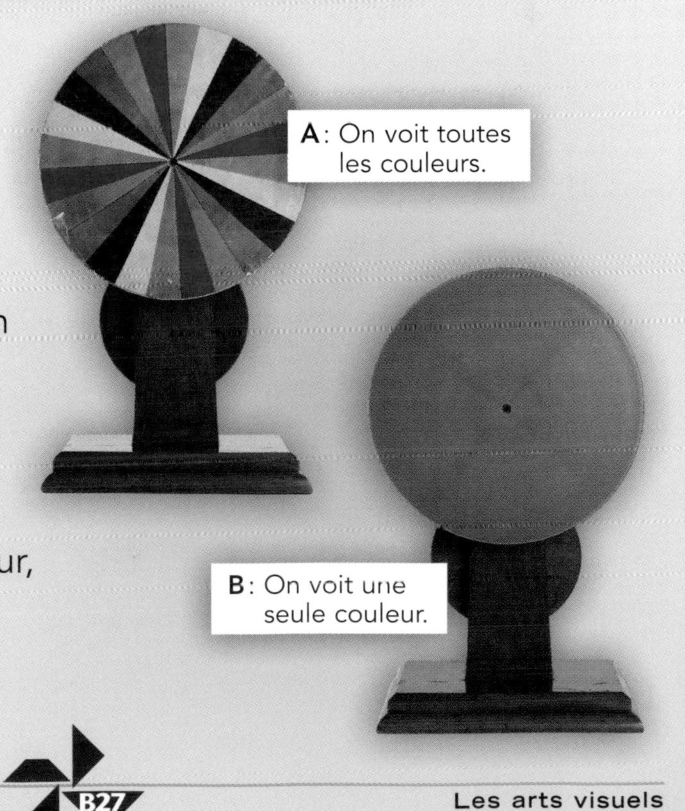

A : On voit toutes les couleurs.

B : On voit une seule couleur.

Les couleurs que l'on voit

Les pigments sont les substances qui donnent sa couleur à un objet. Les plantes, par exemple, ont des pigments naturels qui donnent leurs couleurs aux feuilles et aux fleurs. Il existe aussi des pigments artificiels qui sont utilisés pour les peintures, teintures et colorants de toutes sortes.

Observe bien ces boules de billard. Comment voit-on leur couleur?

La boule blanche, de la même couleur que la lumière qui l'éclaire, réfléchit toute la lumière reçue. On la voit blanche parce qu'elle renvoie toute la lumière blanche.

La boule verte, à cause de ses pigments, absorbe toute la lumière reçue, à l'exception du vert. On la voit verte parce qu'elle renvoie cette lumière verte.

La boule noire, à cause de ses pigments, absorbe toute la lumière reçue. On la voit noire parce qu'elle ne renvoie aucune lumière.

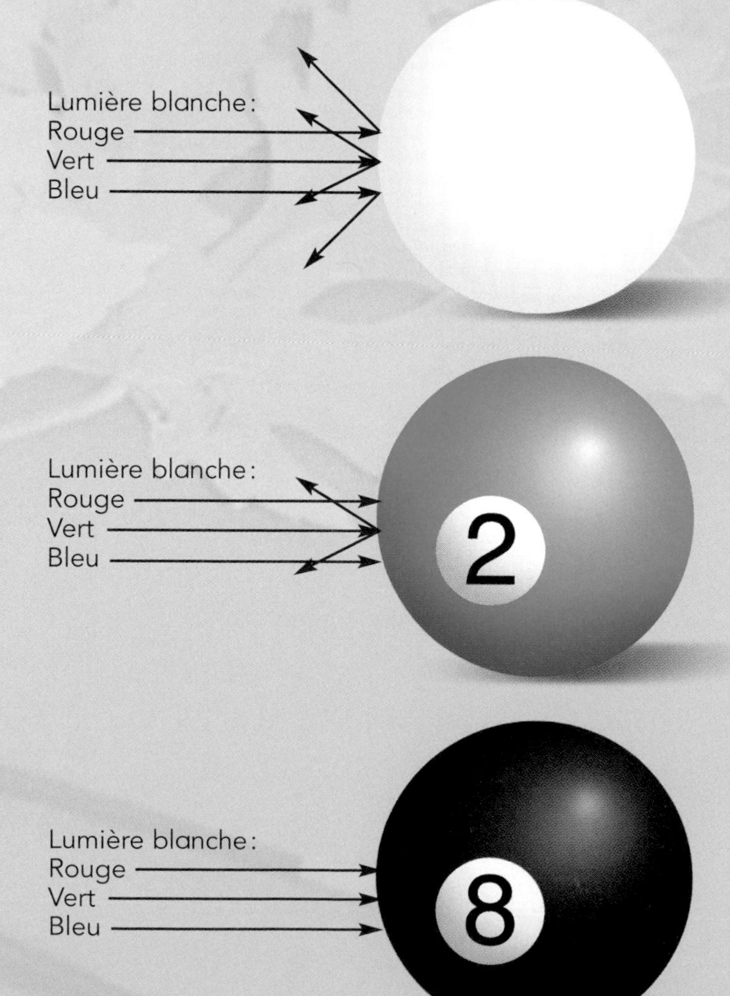

L'œil humain

L'œil humain est de la taille d'une balle de golf, mais on n'en voit que le devant. Il est protégé par la cornée, une couche transparente. L'iris lui donne sa couleur. C'est l'iris qui contrôle la quantité de lumière qui entre par la pupille.

Derrière la pupille, le cristallin fonctionne comme une petite loupe. Il dirige les images sur une membrane qui sert d'écran : la rétine. Celle-ci transforme ces images en messages nerveux. Le nerf optique achemine ces messages au cerveau où les images sont reconstruites pour te permettre de voir.

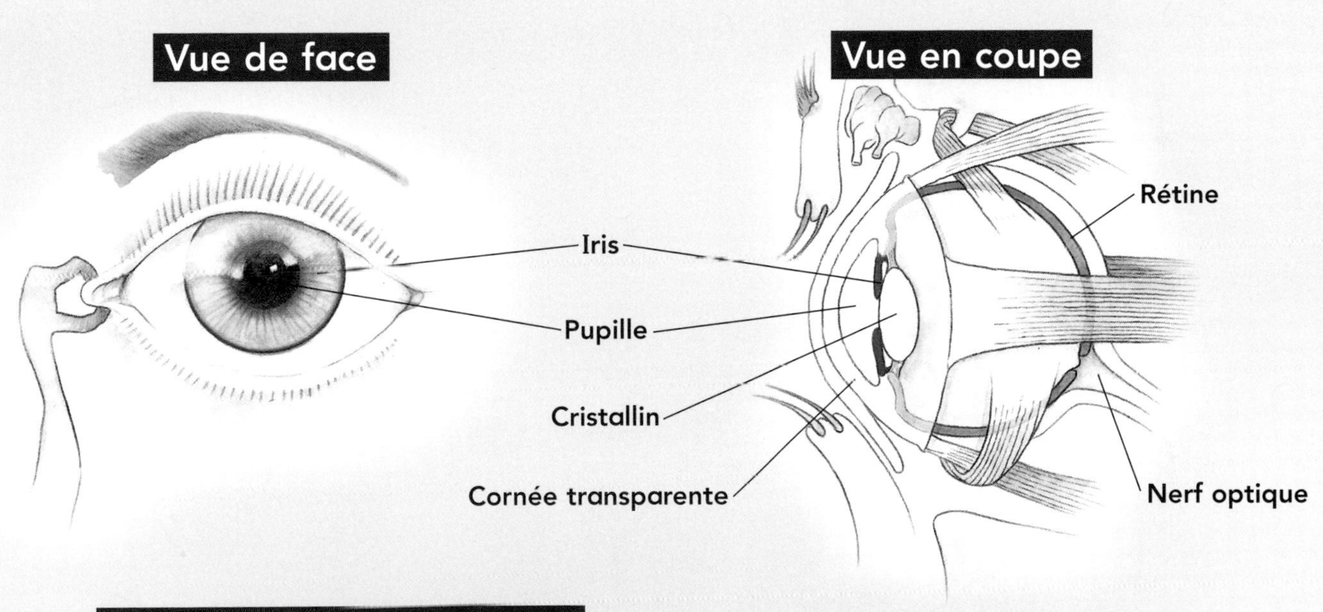

Le mécanisme de la vision

Les images que ton œil projette sur ta rétine sont renversées. Lorsque le cerveau reçoit les messages, l'image est assemblée et remise à l'endroit.

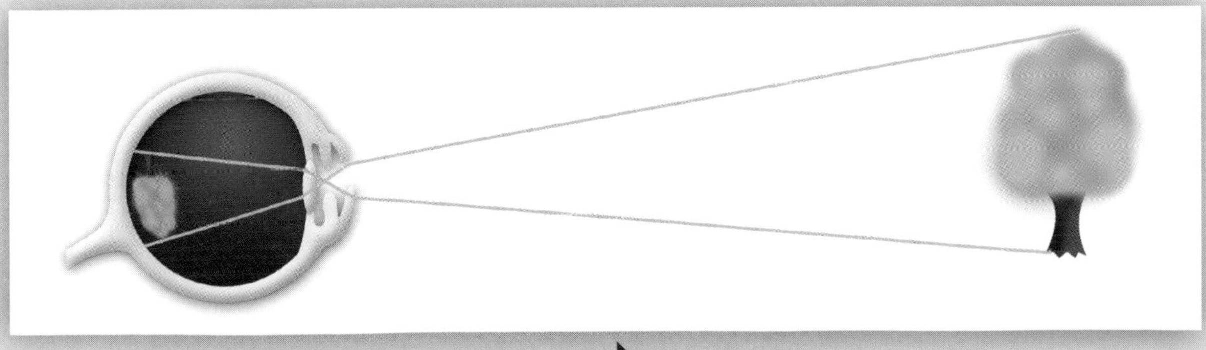

Voir en couleurs

La rétine est composée de millions de cellules sensibles à la lumière : les cônes et les bâtonnets. Les cônes sont sensibles aux couleurs alors que les bâtonnets sont sensibles au blanc et au noir. Quand il fait sombre, ce sont les bâtonnets qui sont les plus actifs.

Le daltonisme est une anomalie de l'œil. Une personne daltonienne voit certaines couleurs différemment de la plupart des gens.

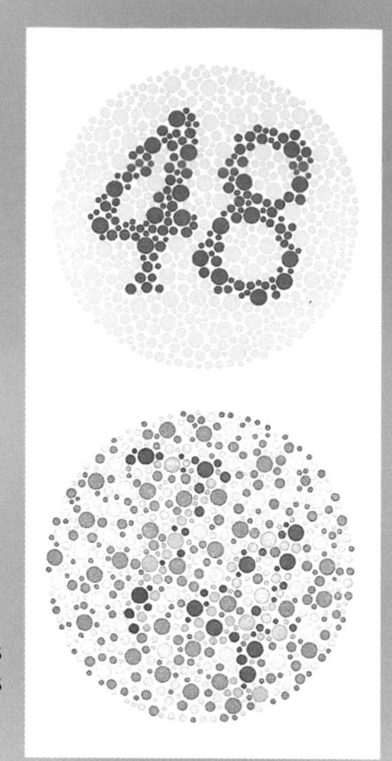

Si tu as de la difficulté à percevoir les nombres inscrits dans les cercles, il est possible que tu éprouves de la difficulté à bien voir les couleurs.

Voir en 3 dimensions

Les yeux du lapin sont placés de chaque côté de sa tête. Cela le protège contre ses ennemis parce qu'il voit tout autour sans bouger la tête. Par contre, il ne peut pas bien estimer les distances et la profondeur.

Le hibou, lui, a les yeux bien à l'avant de la tête. Sa vision est moins large que celle du lapin, mais il perçoit très bien la distance qui le sépare d'une proie.

Tes yeux sont comme ceux du hibou. Chaque œil reçoit une image légèrement différente de ce qui se trouve en face de lui et l'envoie à ton cerveau. Le cerveau fusionne les 2 images reçues pour n'en faire qu'une seule. C'est ce qui te permet de voir en 3 dimensions. C'est la vision stéréoscopique.

La vision des animaux

Presque tous les animaux ont des yeux, mais ils ne voient pas tous de la même façon.

Les papillons, les oiseaux diurnes et les singes voient très bien en couleurs. Par contre, le cheval, le bœuf et le mouton ne voient qu'en noir et blanc.

Combien d'yeux ?

La majorité des animaux ont 2 yeux. L'anableps, un poisson qui nage à la surface de l'eau, en possède 4 : 2 pour voir à l'extérieur de l'eau et 2 pour voir dans l'eau. La plupart des araignées possèdent 8 yeux.

Un anableps.

Un œil de mouche.

La mouche, elle, possède 2 yeux composés de milliers de facettes qui pointent dans des directions différentes. Elle possède une vision presque circulaire. Le ver de terre n'a pas d'yeux. Il n'en a pas besoin puisqu'il vit dans un milieu sans lumière.

Dans le noir

La souris et le rat, tout comme leurs ennemis le chat et le hibou, ont une bonne vision nocturne. Par contre, ils ne voient pas les couleurs. Le chien ne voit pas aussi bien dans le noir que ces animaux. De plus, il distingue mal les couleurs.

Chez les animaux

Les animaux savent tirer parti de leur aspect pour assurer leur survie. Pour se cacher, séduire, envoyer des messages, ils jouent très bien avec les couleurs et les formes.

L'ours polaire est un prédateur. Grâce à sa fourrure blanche, il se confond avec la neige. Cela lui permet de s'approcher de ses proies.

Les chasseurs et les chassés

Un animal qui chasse d'autres animaux est un prédateur. L'animal qui est chassé par un prédateur est une proie. Tous les deux se servent du camouflage pour se cacher.

Le lièvre de l'Arctique se confond lui aussi avec son habitat : il est blanc comme la neige l'hiver et devient brun-gris l'été.

Un maître du camouflage

Le phasme est un insecte qui n'a pas d'ailes. Il est protégé de ses ennemis parce qu'il a l'apparence d'un petit bâton. Sa couleur est identique à celle de la branche qui le supporte.

Un phasme sur une branche. Qui est quoi ?

Gardez vos distances, s'il vous plaît!

Chez certains animaux, la couleur sert à envoyer des messages. Par exemple, les rayures peuvent signifier «Danger!». À quoi reconnaît-on une mouffette, un serpent corail et une guêpe? À leurs rayures, bien sûr… et elles en disent long!

Je pique.

Je projette un liquide nauséabond.

Je suis venimeux.

Le monarque est un papillon non comestible. Ses prédateurs le reconnaissent facilement à ses taches et évitent de le manger. Le vice-roi, lui, peut être mangé sans danger. Sa coloration, semblable à celle du monarque, le protège donc des prédateurs. Et ces derniers sont nombreux à se laisser prendre!

Un papillon monarque.

Un papillon vice-roi.

Ah! l'amour!

D'autres animaux préfèrent être vus, surtout si c'est pour se trouver une partenaire. Les mâles utilisent des couleurs vives pour avertir les femelles qu'ils sont disponibles.

Le museau rouge et bleu du babouin mandrill mâle attire les femelles.

La frégate mâle gonfle son jabot rouge.

Le paon mâle fait la roue.

Au quotidien

Qui ne connaît pas la signification du code de couleurs des feux de signalisation? Les panneaux de signalisation routière ainsi que les symboles de lavage utilisent aussi ce code. Celui-ci est universel.

- Le vert signale une autorisation, qu'il n'y a pas de restriction.
- Le jaune et l'orange signalent une mise en garde, une précaution à prendre.
- Le rouge signale une interdiction, une obligation, un danger.

Les panneaux routiers

Arrêt à l'intersection

Travaux

Passage d'animaux sauvages

Stationnement permis

Les instructions d'entretien

Ne pas repasser

Laver à la main

Sécher par culbutage

Une question de sécurité

Les vêtements fluorescents des pompiers, des brigadiers et des chasseurs sont de couleurs vives. Ainsi vêtues, ces personnes sont en sécurité puisqu'on peut les apercevoir de loin.

Sources des photographies et des illustrations

PHOTOS

Airbus S.A.S. 200: p. 31 (avion *Airbus*) • p. 40 (avion *Airbus*)

Archives de la Presse canadienne: p. B8 (voiliers) • p. B12 • p. B13 • p. B15 (faucon) • p. B17 (joueur de hockey) • p. B24 Scott Moon (aurore boréale) • p. B24 Seth Perlman (arc-en-ciel) • p. B32 (ours polaire) • p. B35 John Mohoney (pompier)

Association frères Lumière-France: p. B22 (scène de film)

Frédéric Back: p. B23 (scène de film)

François Bastien: p. 79 (œuvre de P. Raza)

Collection CNC-France: p. B22 (cinématographe)

Corbis/Magma: p. 117 Neil Preston • p. B7 Bettmann (planeur) • p. B15 George Hall (avion de chasse) • p. B18 Phil Banco (glissoire), Mark Peterson (déménageur), Alison Wright (montagnes) • p. B19 Sandy Felsenthal (grue) • p. B26 Michael Pole (projecteurs) • p. B34 Stocktreck (babouin)

Dorling Kindersley Media Library: p. 57 • p. 70 (odomètre) • p. B6 (ornithoptère et planeur) • p. B8 (fillette) • p. B9 (pompe à vélo et scène d'hiver) • p. B10 (enfant qui boit) • p. B14 (chauve-souris) • p. B17 (brouette et pêcheuse) • p. B20 (tire-bouchon et étau) • B30 (lapins) • p. B33 (guêpe, papillon monarque) • p. B34 (paon)

- National History Museum: p. B33 (papillon vice-roi)
- Science Museum: p. 5 (ampoule électrique) • p. 6 (fermeture éclair) • p. 70 (machine à calculer) • p. B27

Alan Fletcher: p. 81

Galerie Jeannine Blais: p. 79 (œuvre de Claudine Hébert)

Pierre Kholer: p. B26 (phare)

Library of Congress:
nº LC-W861-22 p. B7 (avion *Flyer I*);
nº LC-W861-35 p. 31 et 40 (avion *Flyer I*)

Megapress/Bilderberg: p. B9 H. Madej (chanteurs)

Megapress/Réflexion: p. 56 (statuettes) • p. B14 T. Beck (albatros), Gascon (deltaplane) • p. B15 (cigogne)

- Mauritius: p. 40 (avion *Boeing*), (avion *Concorde*) • p. 56 (Stonehenge) • p. B15 (avion de ligne)

Musée J.-Armand Bombardier: p. B5

NHPA: p. B30 Jany Sauvanet (poisson)

Peloton Sports inc.: p. 42

Ponopresse International: p. B22 Michel Ginies (les frères Lumière) • p. B33 C. Dani/I. Jeske (serpent)

- SIPA: p. B35 Maisonneuve (chasseur)

Publiphoto: • p. 113 • p. B7 (machine de C. Ader) • p. B14 Paul G. Adam (planeur) • p. B32 (lièvres) • p. B33 Jean-Guy Lavoie (mouffette)

- Explorer: p. 114 F. Jalain
- Explorer Coll. ES: p. 4
- H.P. Archives: p. 71
- Photoresearchers: p. B25 Darwin Dale (luciole) • p. B32 Art Wolfe (insecte)
- Science Photo Library: p. 3 • p. B6 (ballon) • p. B25 Simon Fraser (néons) • p. B30 Susumu Nishinaga (œil de mouche) • p. B34 John Beatty (frégate)

PUB PHOTO: p. 65 Claude Mathieu (poulies, en bas)

Michel Rouette: p. B23 (Frédéric Back)

Succession Brassaï/Réunion des Musées Nationaux/Art Resources: p. B26 (phares d'auto)

Succession H. Matisse/SODART 2002/Superstock: p. 78 (œuvre de Henri Matisse)

Superstock: p. 77 Peter Willi • p. 78 The Grand design (œuvre de Judy Byford)

ILLUSTRATIONS

Christiane Beauregard: p. 12, 16, 24, 27, 30, 32, 39, 41, 45, 49, 67, 72, 73 à 75, 86, 87, 91, 96, 105, 110, 112, 116, 120, 128, 129, B19

Stéphane Bourrelle: B29 (en haut)

Jacques Goldstyn: p. 11

Mylène Henry: p. 2, 14, 17, 21, 25, 29, 33, 35, 42, 48, 53, 55, 58, 59, 84, 90, 98 à 100, 106, 109, 114, 121, 123, 124, 127, B3, B21

Marie Lafrance: p. VI, 1, 15, 19, 22, 26, 28, 43, 54, 60, 66, 68, 69, 76, 85, 88, 93, 97, 102, 103, 108, 109, 111, 113, 118, 122, 125, B31

Josée Masse: p. 5, 34, 36 à 38

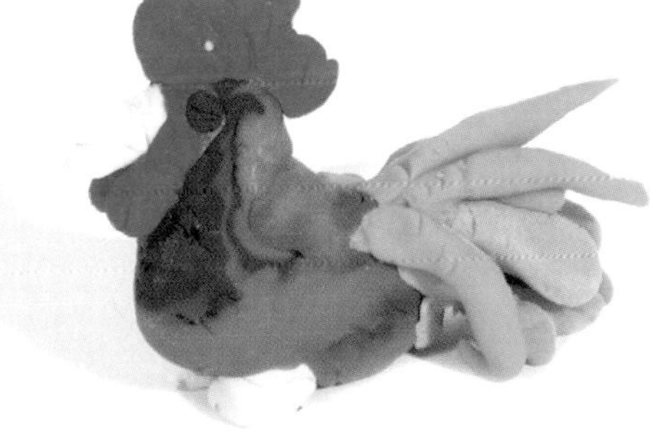

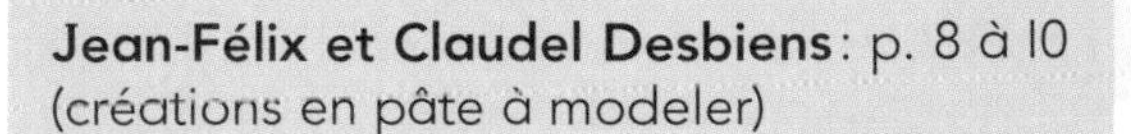

Jean-Félix et Claudel Desbiens: p. 8 à 10 (créations en pâte à modeler)